Grill-vergnügen

Neue Rezepte für Fleisch, Fisch und Gemüse

Grill-
vergnügen

Autor: Reinhardt Hess
Rezeptfotos: Studio L'EVEQUE

Inhalt

Fleisch & Geflügel — 6
Lagerfeuer-Romantik pur – Fleisch vom Grill mögen alle. Schnitzel, Steaks, Koteletts und Würstchen. Aber auch alle anderen Sorten werden glutgewürzt zu Köstlichkeiten.

Fisch & Meeresfrüchte — 48
Fingerspitzengefühl – Fische und Meeresfrüchte vom Holzkohlengrill schmecken unvergleichlich gut. Die Gluthitze versiegelt rasch die Oberfläche, der Saft bleibt im Fleisch.

Gemüse & Kartoffeln — 68
Fleischlos glücklich – Viel zu selten landen Gemüse, Pilze und andere Früchte aus Garten und Feld auf dem Grill. Doch sie verführen sogar eingeschworene Fleischfans.

Dips & Saucen — 92
Vorweg und dazu – Dips und Grillsaucen aus der eigenen Küche schmecken um Klassen besser als fertig gekaufte – und sie ergänzen jedes Grillgericht.

Salate & Beilagen — 110
Damit es rund wird – Ein abwechslungsreich gefüllter Brotkorb ist die wichtigste Beilage. Auch bunte Salate und eingelegtes Gemüse finden stets reißenden Absatz.

Tipps & Tricks fürs perfekte Grillen — 128
Glossar — 138
Register — 140
Impressum — 144

Fleisch & Geflügel

Lagerfeuer-Romantik pur

Was legt man am liebsten auf den Grillrost? Fleisch natürlich – Schnitzel und Steaks, Koteletts und Würstchen. Das mögen alle, und durch das Aroma der glimmenden Holzkohle schmeckt es einfach herrlich. Aber auch Hähnchen und Pute, Hackfleisch und Innereien werden glutgewürzt zu Köstlichkeiten. Nur beim Grillen entstehen eben die würzigen Röststoffe, die selbst einfachen Zutaten neue Geschmackserlebnisse entlocken. Und mit ein bisschen raffiniertem Drumherum werden sogar Grillklassiker neu aufgepeppt.

Leber mit Orangen

Für Holzkohlengrill/Grillpfanne
Für 4 Personen:
4 Scheiben Kalbsleber à 125 g (ersatzweise Schweineleber)
3 EL Öl + 1 EL für den Rost
2 Orangen
grob gemahlener schwarzer Pfeffer
Salz
Alufolie

1. Die Leber mit Küchenpapier abtupfen und mit 2 EL Öl bestreichen. Die Orangen schälen und in dicke Scheiben schneiden. Einen Bogen Alufolie mit 1 EL Öl bepinseln, die Orangenscheiben darauf legen und mit Pfeffer bestreuen.

2. Den Holzkohlengrill anheizen. Den Grillrost leicht ölen. Die Leberscheiben auf dem heißen Rost (oder in der Grillpfanne) bei starker Hitze pro Seite 2–3 Min. grillen. Gleichzeitig auch die Orangenscheiben in der Alufolie auf dem Rost erhitzen.

3. Die gegrillte Leber salzen und pfeffern, mit den Orangenscheiben belegen und servieren.

Zubereitung: 20 Min.
Grillzeit: 6 Min.
Pro Portion ca.: 260 kcal

Grillbündla

Für Holzkohlengrill/Grillpfanne
Für 4 Personen:
800 g frischer Schweinebauch ohne Knochen
2–3 EL mittelscharfer Senf
3 EL gehackte gemischte Kräuter (Petersilie, Schnittlauch, Majoran, Salbei)
Salz, schwarzer Pfeffer
Außerdem:
Metallspieße
Öl für den Rost und zum Bestreichen

1. Den Schweinebauch mit der Schwarte nach unten auf die Arbeitsfläche legen. Mit Senf bestreichen und mit Kräutern bestreuen. Fest aufrollen und im Abstand von 2–3 cm Metallspieße durchstecken. Die Rolle zwischen den Spießen quer in Scheiben schneiden.

2. Den Holzkohlengrill anheizen. Den Grillrost leicht ölen. Die Bauchscheiben mit Öl bestreichen und auf dem heißen Rost (oder in der Grillpfanne) bei mittlerer Hitze pro Seite 10–12 Min. knusprig braun grillen. Auf beiden Seiten salzen und pfeffern, heiß servieren.

Zubereitung: 15 Min.
Grillzeit: 25 Min.
Pro Portion ca.: 580 kcal

Nackenkoteletts puertorikanisch

Für Holzkohlengrill/Grillpfanne
Für 4 Personen:
4 Nackenkoteletts à 200 g
Salz
2 EL Pflanzenöl + 1 EL für den Rost
Für die Marinade:
200 ml Orangensaft
1 TL abgeriebene Orangenschale
1/2 TL grob gemahlene Chilis
1/2 TL getrockneter Oregano
2 Knoblauchzehen

1. Die Koteletts mit Küchenpapier abtupfen. Für die Marinade Orangensaft und -schale, Chilis und Oregano verrühren. Den Knoblauch abziehen und dazupressen. Das Fleisch mit einem Teil der Mischung bepinseln und 1–2 Std. marinieren.

2. Den Holzkohlengrill anheizen. Den Grillrost leicht ölen. Die Koteletts trockentupfen, mit etwas Öl bestreichen. Auf dem heißen Rost (oder in der Grillpfanne) bei mittlerer Hitze pro Seite 10 Min. grillen, salzen. Die Marinade getrennt dazu reichen.

⏱ Zubereitung: 10 Min.	⏱ Marinierzeit: 2 Std.
⏱ Grillzeit: 20 Min.	Pro Portion ca.: 360 kcal

Dänische Würstchen vom Grill

Für Holzkohlengrill/Grillpfanne
Für 4 Personen:
1/2 Salatgurke, 4 Essiggurken
1 weiße Zwiebel, 4 EL Röstzwiebeln
8 dünne Grillwürstchen
8 längliche Brötchen (Hot-Dog-Buns, ersatzweise Milchbrötchen)
8 EL milder Senf, 8 EL Ketchup
Öl zum Bestreichen und für den Rost

1. Die Salatgurke waschen, würfeln, ebenso die Essiggurken und die Zwiebel.

2. Den Holzkohlengrill anheizen, Grillrost leicht ölen. Die Würstchen schräg einritzen, mit Öl bestreichen. Auf dem heißen Rost (oder in der Grillpfanne) bei mittlerer Hitze pro Seite 5 Min. grillen. Am Rand des Grills die Brötchen aufbacken, aufschneiden, die Würstchen hineinlegen, mit Zwiebeln und Gurken bestreuen und einen Klecks Senf und Ketchup darüber geben.

⏱ Zubereitung: 30 Min.	
⏱ Grillzeit: 10 Min.	Pro Portion ca.: 740 kcal

Fleisch & Geflügel

Für Holzkohlengrill/Ofengrill
Für 4 Personen:
1,2 kg Hähnchenflügel
Für die Grillsauce:
1 große Zwiebel
2 Knoblauchzehen
2 EL Pflanzenöl
1 EL brauner Zucker
1 EL Chili-con-carne-Gewürzmischung
1/2 TL getrockneter Thymian
1/2 TL getrockneter Oregano
150 ml scharfes Ketchup (»Hot«)
150 ml Rotwein
1 EL Tomatenmark
2 EL Rotweinessig
2 EL Worcestersauce
Salz, schwarzer Pfeffer
Außerdem:
200 g saure Sahne
Öl für den Rost

Pikante Hähnchenflügel

1. Die Hähnchenflügel waschen, eventuell die Flügelspitzen abschneiden. Mit Küchenpapier abtupfen.

2. Für die Grillsauce Zwiebel und Knoblauch abziehen, grob zerkleinern und im Blitzhacker pürieren. Das Öl erhitzen und das Püree bei schwacher Hitze ca. 5 Min. darin glasig dünsten. Den Zucker einstreuen, Gewürzmischung und Kräuter zugeben. Ketchup, Wein, Tomatenmark, Essig und Worcestersauce unterrühren. Offen 15 Min. köcheln lassen.

3. Den Holzkohlen- oder Backofengrill anheizen. Die Sauce mit Salz und Pfeffer abschmecken, ein Viertel davon auf das Geflügel streichen. Grillrost leicht ölen. Die Flügel auf dem heißen Rost bei mittlerer Hitze 20–30 Min. garen. Dabei gelegentlich wenden und mit Grillsauce bestreichen.

4. Die saure Sahne mit einer Prise Salz glatt rühren. Die Hähnchenflügel mit der restlichen Sauce übergießen und je einen Klecks saure Sahne darauf setzen.

Zubereitung: 1 Std.
Grillzeit: 30 Min.   Pro Portion ca.: 405 kcal

Für Holzkohlengrill/Grillpfanne
Für 4 Personen:
500 g Hähnchenleber (ersatzweise Putenleber)
100 g durchwachsener Speck in Scheiben
75 ml Pflanzenöl
1 Zweig Salbei (frisch oder getrocknet)
Salz, schwarzer Pfeffer
Für den Orangensalat:
2 Orangen
2 rote Zwiebeln
1 kleine Fenchelknolle
2 Knoblauchzehen
1 EL fein gehackte Petersilie
1/2 TL getrockneter Oregano
1 EL Zitronensaft
4 EL Olivenöl extra nativ
Außerdem:
Holzspieße
Öl für den Rost

Hähnchenleberspieße

1. Die Leber waschen, putzen und mit Küchenpapier trockentupfen. Den Speck in Stücke schneiden. Holzspieße wässern. Abwechselnd Leber- und Speckstücke aufstecken. Die Spieße bis zum Grillen kühl stellen. Das restliche Öl in ein schmales Gefäß füllen, den Salbeizweig hineinstellen. Den Holzkohlengrill anheizen.

2. Für den Salat die Orangen bis ins Fruchtfleisch schälen. Quer in dünne Scheiben schneiden, dabei den Saft auffangen. Die Zwiebeln abziehen und in dünne Ringe schneiden. Den Fenchel waschen, putzen und in feine Scheiben teilen. Orangen, Zwiebeln und Fenchel locker auf vier Tellern anrichten.

3. Den Knoblauch abziehen und in einen Mixbecher pressen. Kräuter, Salz, Pfeffer, Zitronensaft und aufgefangenen Orangensaft zugeben. Schütteln, bis sich das Salz aufgelöst hat. Das Olivenöl zufügen und weiterschütteln, bis sich die Zutaten verbunden haben. Die Sauce über den Salat träufeln.

4. Den Grillrost leicht ölen. Die Leberspieße rundum mit Salbeiöl bestreichen und auf dem heißen Rost (oder in der Grillpfanne) bei starker Hitze 8–10 Min. grillen. Dabei gelegentlich wenden und mit Würzöl bestreichen. Salzen und pfeffern und auf dem Salat anrichten.

Zubereitung: 35 Min.
Grillzeit: 10 Min.   Pro Portion ca.: 610 kcal

Fleisch & Geflügel

Für Holzkohlengrill/Grillpfanne
Für 4 Personen:
24 Dörrpflaumen ohne Stein
500 g Hähnchenbrustfilet
schwarzer Pfeffer
12 dünne Scheiben Frühstücksspeck (Bacon), halbiert
Minzblättchen zum Garnieren
Für den Minzjoghurt:
350 g Bulgara-Joghurt
Salz, 1/2 TL Currypulver
4–5 Tropfen Tabasco
2 Zweige frische Minze (ersatzweise 1 TL getrocknete)
Außerdem:
Holzspieße
Öl für den Rost und zum Bestreichen

Tipp

Zwischen Fleischstücke und Speckpflaumen noch Minzblättchen stecken.

Hähnchen-Speckpflaumen-Spieße

1. Die Dörrpflaumen mit warmem Wasser übergießen und 5 Min. quellen lassen.

2. Für den Minzjoghurt Joghurt, etwas Salz, Curry und Tabasco glatt rühren. Die Minze waschen, die Blättchen fein hacken. Unter den Joghurt ziehen und diesen kühl stellen.

3. Den Holzkohlengrill anheizen. Das Fleisch mit Küchenpapier abtupfen, in ca. 3 cm große Würfel schneiden, pfeffern. Die Pflaumen aus dem Wasser nehmen, mit Küchenpapier trockentupfen. Jede Pflaume mit einer Speckscheibe umwickeln.

4. Holzspieße wässern. Abwechselnd Fleisch und Speckpflaumen aufstecken. Mit wenig Öl bestreichen.

5. Den Grillrost leicht ölen. Die Spieße auf dem heißen Rost (oder in der Grillpfanne) bei starker Hitze 10 Min. knusprig grillen. Dabei häufig wenden. Die Spieße salzen und auf dem Minzjoghurt anrichten. Mit Minzblättchen garnieren.

⏱ Zubereitung: 30 Min.	
⏱ Grillzeit: 10 Min.	Pro Portion ca.: 740 kcal

Für Holzkohlengrill/Grillpfanne
Für 4 Personen:
4 dünne Putenschnitzel
Für die Marinade:
3 EL Tomatenmark
2 EL heller Honig
1 EL Sambal oelek
1 EL Sojasauce
2 EL gehackte Kräuter (z. B. Petersilie, Basilikum, Thymian)
Für die Paprika:
500 g bunte Paprikaschoten
Salz, Pfeffer
3 EL Olivenöl
2 EL Aceto Balsamico
Außerdem:
Holzspieße
Öl für den Rost und zum Bestreichen

Putenschnecken mit Paprika

1. Die Schnitzel waschen, mit Küchenpapier trockentupfen und mit der flachen Seite des Fleischklopfers etwas dünner klopfen. Für die Marinade alle Zutaten verrühren.

2. Den Holzkohlengrill anheizen. Holzspieße wässern. Die Schnitzel mit Marinade bestreichen und von der schmalen Seite her fest aufrollen. Die Rollen in 2–3 cm dicke Scheiben schneiden. Jeweils 3–4 Scheiben auf einen Spieß stecken.

3. Die Paprikaschoten waschen, halbieren und putzen. In große Stücke teilen und mit Küchenpapier abtupfen. Salzen, pfeffern und mit etwas Olivenöl bepinseln.

4. Den Grillrost leicht ölen. Das Fleisch mit Öl bestreichen. Fleisch und Paprika auf dem heißen Rost (oder in der Grillpfanne) bei starker Hitze 10–12 Min. schön braun grillen, dabei öfter wenden.

5. Die Putenschnecken salzen und pfeffern, mit den Paprika anrichten. Die Paprikastücke mit dem restlichem Olivenöl und Aceto Balsamico beträufeln.

⏱ Zubereitung: 30 Min.	
⏱ Grillzeit: 12 Min.	Pro Portion ca.: 260 kcal

Fleisch & Geflügel

Für Holzkohlengrill/Ofengrill
Für 4 Personen:
2 kleine Brathähnchen à 800 g
4 Zitronen (davon 1 unbehandelt)
100 ml Olivenöl
Salz, schwarzer Pfeffer
1 Muskatnuss
2 EL Butter
Öl für den Rost

Zitronen-Muskat-Hähnchen

1. Die Hähnchen innen und außen waschen, mit Küchenpapier trockentupfen. Auf der Rückenseite links und rechts des Rückgrats mit der Geflügelschere durchschneiden, den Bürzel entfernen. Die Hähnchen mit der Hand so flach wie möglich drücken.

2. Für die Marinade die unbehandelte Zitrone heiß waschen, trocknen und ca. 2 TL Schale abreiben. Die abgeriebene und 1 weitere Zitrone auspressen. Den Saft durch ein feines Sieb gießen. Zitronenschale und -saft zum Olivenöl geben. 1/2 Muskatnuss hineinreiben und kräftig salzen und pfeffern. Gut verquirlen.

3. Die Hähnchen rundum mit Marinade bestreichen. Aufeinander legen, in Frischhaltefolie wickeln und 2–3 Std. im Kühlschrank marinieren. Dabei möglichst noch mit einem Brett beschweren.

4. Den Holzkohlengrill (mit Holzkohlenbriketts) oder Backofengrill anheizen. Den Grillrost ölen. Die Hähnchen aus der Marinade heben, etwas abtropfen lassen und flach auf den heißen Rost legen. Erst bei starker, dann bei mittlerer Hitze 30–40 Min. grillen, bis die Haut gut gebräunt ist. Dabei gelegentlich wenden und mit Marinade bepinseln.

5. Die Butter in einem kleinen Pfännchen am Rand des Grills zerlassen. Die Hähnchen auf der Hautseite damit bestreichen und auf dieser Seite noch 2–3 Min. grillen.

6. Mit der Hautseite nach oben auf eine Servierplatte legen und 1/2 Muskatnuss darüber reiben. 2 Zitronen vierteln und die Hähnchen damit garnieren. Sofort servieren, damit der Duft nicht verfliegt.

Variante

Hähnchen Teufelsart
Die Hähnchen wie beschrieben vorbereiten. Den Saft von 2 Zitronen mit 3–4 getrockneten, im Mörser zerriebenen Chilis, 5 frischen, gehackten Salbeiblättern und 100 ml Olivenöl verrühren. Die Hähnchen damit bestreichen und marinieren. Wie angegeben grillen.

Tipp

Die Hähnchen können auch bei 200° (Mitte, Umluft 175°) ca. 1 1/2 Std. im Backofen gegart werden. Zuletzt eventuell kurz den Backofengrill zuschalten, bis die Haut schön knusprig ist.

⏱ Zubereitung: 25 Min.	⏱ Marinierzeit: 3 Std.
⏱ Grillzeit: 40 Min.	Pro Portion ca.: 690 kcal

Fleisch & Geflügel

Putensteaks mit Rote-Bete-Sauce

Für Holzkohlengrill/Grillpfanne
Für 4 Personen:
8 Putensteaks (600 g, ersatzweise 4 Putenschnitzel, halbiert)
Für die Marinade:
1 unbehandelte Zitrone
2 EL Pflanzenöl
1/2 TL gemahlener bunter Pfeffer
1/4 TL gemahlener Koriander
Für die Rote-Bete-Sauce:
1 Glas Rote Bete (220 g Abtropfgewicht)
1 EL Rotweinessig
1 Msp. gemahlene Gewürznelken
Salz
200 g Bulgara-Joghurt
Außerdem:
Öl für den Rost

1. Die Putensteaks mit Küchenpapier abtupfen. Zwischen Frischhaltefolie legen und mit der flachen Seite des Fleischklopfers etwas dünner klopfen.

2. Für die Marinade die Zitrone heiß waschen, trockentupfen und 1 TL Schale abreiben. 1/2 Zitrone auspressen. Öl, Zitronenschale und -saft, Pfeffer und Koriander verquirlen. Die Putensteaks damit einreiben, in Folie wickeln und kühl stellen.

3. Für die Sauce die Rote Bete abtropfen lassen. Mit Essig und Gewürznelken im Mixer pürieren, salzen.

4. Den Holzkohlengrill anheizen. Grillrost leicht ölen. Die Steaks auf dem heißen Rost (oder in der Grillpfanne) bei starker Hitze pro Seite 4–5 Min. grillen. Den Joghurt mit einer Prise Salz glatt rühren, locker mit dem Rote-Bete-Püree vermischen. Die Steaks salzen und mit einem Klecks Sauce servieren.

⏱ Zubereitung: 25 Min.
⏱ Grillzeit: 10 Min.
Pro Portion ca.: 280 kcal

Entenbrust auf Rucola

Für Holzkohlengrill/Grillpfanne
Für 4 Personen:
500 g Entenbrustfilets (Flugente, frisch oder tiefgekühlt)
grob gemahlener schwarzer Pfeffer
4 EL Olivenöl
250 g Rucola
Salz
4 EL Zitronensaft
Öl für den Rost

Tipp

Die Entenbrust vom Grill schmeckt auch auf Streifen von Romanasalat. In Italien werden auch Steinpilze so gegrillt und auf Salat serviert.

1. Tiefgekühlte Entenbrustfilets über Nacht im Gemüsefach des Kühlschranks auftauen lassen, damit sie saftig bleiben. Die Filets mit Küchenpapier abtupfen. Die Hautseite mit einem scharfen Messer rautenförmig einschneiden. Pfeffern und mit etwas Olivenöl einreiben.

2. Den Rucola verlesen, die harten Stängel entfernen. Die Rucolablätter waschen und gut trockenschütteln. Auf vier Teller verteilen.

3. Den Holzkohlengrill anheizen. Den Grillrost leicht ölen. Die Filets auf dem heißen Rost (oder in der Grillpfanne) bei starker Hitze erst auf der Hautseite 8–10 Min., dann auf der Fleischseite nochmals ca. 8 Min. grillen. Den Grillrost hoch über der Glut einhängen (Grillpfanne vom Herd nehmen) und die Filets noch 10 Min. nachziehen lassen.

4. Das Fleisch in Streifen schneiden und auf dem Rucolabett anrichten. Mit Salz und Pfeffer würzen, mit Zitronensaft und dem restlichen Olivenöl beträufeln. Sofort servieren.

⏱ Zubereitung: 35 Min.
⏱ Grillzeit: 30 Min.
Pro Portion ca.: 410 kcal

Fleisch & Geflügel

Für Holzkohlengrill/Grillpfanne
Für 4 Personen:
4 Wacholderbeeren
1 TL Pfefferkörner
2 Gewürznelken, 1 Lorbeerblatt
5 EL Pflanzenöl
24 rohe Nürnberger Bratwürstchen (ca. 500 g)
je 1 rote, gelbe und grüne Paprikaschote
8 Frühlingszwiebeln
Salz, Pfeffer
ca. 10 cm frische Meerrettichwurzel
2 EL Zitronensaft
Außerdem:
Holzspieße
Öl für den Rost

Rostbratwurst-Spießchen

1. Wacholderbeeren, Pfefferkörner, Gewürznelken und Lorbeerblatt im Mörser grob zerstoßen. Mit dem Öl verrühren.

2. Die Bratwürstchen in 2–3 cm lange Stücke schneiden. Die Paprikaschoten waschen, halbieren, putzen und in 3 cm große Quadrate schneiden. Die Frühlingszwiebeln waschen, putzen und die hellen Teile in 2 cm lange Stücke schneiden. Das Gemüse salzen und pfeffern.

3. Den Holzkohlengrill anheizen. Holzspieße wässern. Abwechselnd Paprika-, Wurst- und Frühlingszwiebelstücke aufstecken. Nochmals mit Würzöl bestreichen. Den Grillrost leicht ölen. Die Spieße auf dem heißen Rost (oder in der Grillpfanne) bei starker Hitze 10–12 Min. grillen. Dabei mehrmals wenden und mit Würzöl bestreichen.

4. Währenddessen die Meerrettichwurzel schälen und grob raspeln. Mit Zitronensaft beträufeln. Zu den Spießen servieren.

Variante

»Saure Zipfel«: Einen Sud aus Zwiebeln, Möhren und Champignons, 750 ml Wasser, 250 ml Weißwein und 125 ml Weißweinessig kochen, mit Salz, Pfeffer und Zucker abschmecken. Würstchen darin etwa 10 Min. ziehen lassen.

Zubereitung: 40 Min.
Grillzeit: 12 Min.   Pro Portion ca.: 520 kcal

Für Holzkohlengrill/Grillpfanne
Für 4 Personen:
6 frische grobe Bratwürste (ca. 700 g)
12 Knoblauchzehen
24 kleine Champignons
500 ml Weißwein (ersatzweise herber Apfelsaft)
Salz, schwarzer Pfeffer
2 EL gehackte Petersilie
Außerdem:
Holzspieße
Öl für den Rost und zum Bestreichen

Grillwürstchen katalanisch

1. Die Bratwürste mit einer Nadel mehrmals rundum anstechen. Die Knoblauchzehen abziehen und längs halbieren. Die Pilze putzen, trocken abreiben und die Stielenden abschneiden.

2. Wein und 500 ml Wasser aufkochen. Würste, Knoblauch und Pilze hineingeben. Vom Herd nehmen und alles 10 Min. ziehen lassen.

3. Den Holzkohlengrill anheizen. Würste, Knoblauch und Pilze abgießen und abtropfen lassen. Knoblauch und Pilze salzen und pfeffern. Die Würste in ca. 3 cm lange Stücke schneiden. Holzspieße wässern. Abwechselnd Wurststücke, Knoblauchhälften und Champignons aufstecken.

4. Den Grillrost leicht ölen. Die Spieße gut mit Öl bestreichen und auf dem heißen Rost (oder in der Grillpfanne) 10–12 Min. braun und knusprig grillen. Dabei häufig wenden. Zuletzt mit Petersilie bestreuen und servieren. Dazu Knoblauchsauce (Seite 104) reichen.

Zubereitung: 30 Min.
Grillzeit: 12 Min.   Pro Portion ca.: 540 kcal

Fleisch & Geflügel

Für Holzkohlengrill/Ofengrill
Für 4 Personen:
8 Frankfurter Würstchen (ersatzweise Wiener Würstchen)
4 Äpfel
2 EL Zitronensaft
8 eingelegte milde Peperoni (aus dem Glas)
3 EL Öl
1 TL scharfer Senf
Salz, Pfeffer
Außerdem:
Holzspieße
Öl für den Rost

Frankfurter-Würstchen-Spieße

1. Den Holzkohlengrill oder Backofengrill anheizen. Die Würstchen in ca. 3 cm lange Stücke schneiden. Äpfel schälen, vierteln und die Kerngehäuse entfernen. Die Apfelviertel nochmals längs und quer halbieren, mit 1 EL Zitronensaft beträufeln. Die Peperoni trockentupfen und in 2–3 cm lange Stücke schneiden.

2. Holzspieße wässern. Abwechselnd Wurst-, Apfel- und Peperonistücke aufstecken. Die Würstchen mit einem scharfen Messer auf beiden Seiten leicht einritzen, damit sie nicht platzen.

3. 1 EL Zitronensaft, Öl, Senf, Salz und Pfeffer verquirlen. Die Wurstspieße damit bestreichen. Den Grillrost leicht ölen. Die Spieße auf dem heißen Rost bei mittlerer Hitze 10–12 Min. hellbraun grillen. Dabei öfter wenden.

Tipp

Lustig sind auch kleine Party-Würstchen. Diese vor dem Grillen mit einer Nadel mehrmals anstechen. Dazu schmeckt ein bunter Salat und Mischbrot.

Zubereitung: 20 Min.	
Grillzeit: 12 Min.	Pro Portion ca.: 570 kcal

Für Holzkohlengrill/Ofengrill
Für 4 Personen:
8 kurze dicke Knackwürste (Regensburger)
3 große Gemüsezwiebeln
Salz, Pfeffer
Öl für Zwiebeln und Rost
Aluschale

Tipp

Zu den Rosen-Würstchen gibt's Senfsauce: 2 EL mittelscharfen Senf, 2 EL Weißweinessig und 4 EL Öl verrühren. Mit Salz und Pfeffer abschmecken.
Für Kinder die Würstchen auf lange Holzspieße stecken und selbst grillen lassen.

Rosen-Würstchen

1. Den Holzkohlengrill oder Backofengrill anheizen. Die Knackwürste mit Küchenpapier abtupfen und von beiden Enden her dreimal sternförmig bis fast zur Mitte einschneiden.

2. Die Zwiebeln abziehen und in dicke Scheiben schneiden. Salzen, pfeffern und mit Öl beträufeln. Die Zwiebelscheiben darin wenden, bis sie gleichmäßig mit Öl überzogen sind.

3. Den Grillrost leicht ölen. Die Zwiebeln in der Aluschale ausbreiten und auf dem Grill (oder unter dem Ofengrill) bei mittlerer Hitze ca. 15 Min. leicht bräunen. Dabei öfter wenden.

4. Währenddessen die Würstchen auf dem heißen Rost bei mittlerer Hitze 10–12 Min. grillen, bis sich die Enden rosenartig öffnen. Dabei häufig wenden. Mit den gebratenen Zwiebeln servieren.

Zubereitung: 10 Min.	
Grillzeit: 12 Min.	Pro Portion ca.: 545 kcal

Fleisch & Geflügel

Für Holzkohlengrill/Ofengrill
Für 4 Personen:
**1 altbackenes Brötchen
1 kleine Zwiebel
2 Knoblauchzehen
1 Bund Petersilie
35 g frisch geriebener Pecorino
(ersatzweise Parmesan)
80 g Pinienkerne
500 g Rinderhackfleisch
1 Ei (Größe L)
1 TL getrockneter Thymian
Salz, schwarzer Pfeffer
Olivenöl zum Bestreichen
Öl für den Rost**

Tipp

Falls Sie befürchten, dass die Frikadellen durchs Grillgitter fallen, grillen Sie diese einfach auf gut geölter Alufolie.

Frikadellen mit Pinienkernen

1. Das Brötchen entrinden, die Krume würfeln und mit einem Messer zu mittelfeinen Bröseln hacken. Zwiebel und Knoblauch abziehen und sehr fein hacken. Die Petersilie waschen, trockenschütteln und die Blättchen fein hacken.

2. Semmelbrösel, Zwiebel, Knoblauch, Petersilie, Käse, Pinienkerne und Hackfleisch in eine Schüssel geben. Das Ei zufügen und mit Thymian, Salz und Pfeffer kräftig würzen. Die Hackmasse gut durchmischen und in den Kühlschrank stellen.

3. Den Holzkohlengrill oder Backofengrill anheizen. Aus der Hackmasse knapp tennisballgroße Kugeln formen, etwas flach drücken und mit Olivenöl bestreichen.

4. Den Grillrost leicht ölen. Die Frikadellen auf dem heißen Rost bei nicht zu starker Hitze pro Seite 7–10 Min. schön braun grillen.

Zubereitung: 30 Min.
Grillzeit: 20 Min.
Pro Portion ca.: 545 kcal

Für Holzkohlengrill/Grillpfanne
Für 4 Personen:
**500 g mageres Rinderhackfleisch
Salz, schwarzer Pfeffer
8 große Salatblätter
2 Tomaten
2 weiße Zwiebeln
2 dicke Gewürzgurken
8 Hamburger-Brötchen (Buns, ersatzweise große Sesambrötchen)
Außerdem:
Ketchup zum Servieren
Öl zum Formen, Bestreichen und für den Rost
Alufolie**

Hamburger – die originalen

1. Das Hackfleisch mit etwas Salz und Pfeffer leicht durchmischen, nicht kneten. In 8 gleich große Portionen teilen und mit geölten Händen zu runden, nicht zu dünnen Hamburgern formen. Einen Bogen Alufolie ölen, die Burger darauf setzen und bis zum Grillen zugedeckt kühl stellen.

2. Den Holzkohlengrill anheizen. Die Salatblätter waschen und trockenschütteln. Die Tomaten waschen und die Stielansätze entfernen. Die Zwiebeln abziehen. Die Gewürzgurken abtropfen lassen. Tomaten, Zwiebeln und Gurken in dünne Scheiben schneiden.

3. Die Brötchen aufschneiden. Den Grillrost ölen. Die Hamburger mit Öl bestreichen und auf dem heißen Rost (oder in der Grillpfanne) bei starker Hitze pro Seite 3–4 Min. grillen. Vorsichtig wenden, damit sie nicht zerfallen. Am Rand des Rosts die Brötchen auf den Schnittflächen aufbacken.

4. Zum Servieren auf jeden Brötchenboden ein Salatblatt und einen Hamburger legen. Tomaten-, Gurken- und Zwiebelscheiben darüber verteilen, einen Klecks Ketchup darauf geben und mit der oberen Brötchenhälfte abdecken.

Zubereitung: 30 Min.
Grillzeit: 8 Min.
Pro Portion ca.: 455 kcal

Fleisch & Geflügel

Hacksteaks mit Feta (Biftéki)

Für Holzkohlengrill/Grillpfanne
Für 4 Personen:
30 g Vollkorn-Semmelbrösel
1/2 TL Fenchelsamen
1/2 TL Anissamen
1 reife Tomate
2 Zwiebeln
2 Knoblauchzehen
50 g Feta-Käse
500 g Rinderhackfleisch
1 Ei
1 EL getrockneter Oregano
Salz, schwarzer Pfeffer
4 EL Olivenöl
Öl für den Rost

1. Semmelbrösel, Fenchel- und Anissamen in einer Pfanne bei mittlerer Hitze ca. 5 Min. hell anrösten. Abkühlen lassen und in eine Schüssel füllen. Den Stielansatz der Tomate entfernen. Die Tomate kurz überbrühen, häuten und entkernen. Das Fruchtfleisch klein würfeln und zu den Brösel geben.

2. Zwiebeln und Knoblauch abziehen und sehr fein hacken. Den Feta zerpflücken. Hackfleisch, Zwiebeln, Knoblauch, Feta, Ei und Oregano zu den Tomaten-Brösel geben.

Großzügig salzen und pfeffern, dann mit den Händen kräftig durchkneten. Den Fleischteig zugedeckt ca. 1 Std. im Kühlschrank durchziehen lassen.

3. Den Holzkohlengrill anheizen. Aus der Hackmasse 10 handtellergroße Hacksteaks formen und mit Olivenöl bestreichen. Den Grillrost ölen. Die Steaks auf dem heißen Rost (oder in der Grillpfanne) bei starker Hitze pro Seite 5–7 Min. braten. Als Beilage Tzatziki (Seite 104), Salat und Weißbrot servieren.

⊙ Zubereitung: 30 Min.	⊙ Ruhezeit: 1 Std.
⊙ Grillzeit: 14 Min.	Pro Portion ca.: 445 kcal

Hackfleischröllchen (Cevapcici)

Für Holzkohlengrill/Grillpfanne
Für 4 Personen:
200 g mageres Lammfleisch (z. B. Keule, Lende)
400 g gemischtes Hackfleisch
1 Zwiebel
3 Knoblauchzehen
2 EL Rotwein (ersatzweise Brühe)
1 TL getrockneter Thymian
1 TL rosenscharfes Paprikapulver
Salz, schwarzer Pfeffer
2 große Gemüsezwiebeln zum Servieren
Öl zum Formen, Bestreichen und für den Rost

1. Das Lammfleisch in Würfel schneiden und zweimal durch den Fleischwolf drehen oder im Blitzhacker fein pürieren. Lammfleisch und Hackfleisch mischen.

2. Zwiebel und Knoblauch abziehen und sehr fein hacken. Zwiebel, Knoblauch, Rotwein, Thymian, Paprikapulver, Salz und Pfeffer zum Fleisch geben und gut durchkneten.

3. Die Hände ölen und aus der Hackmasse fingerdicke, ca. 8 cm lange Röllchen formen. Diese bis zum Grillen zugedeckt in den Kühlschrank stellen.

4. Den Holzkohlengrill anheizen. Den Grillrost leicht ölen. Die Hackfleischröllchen mit Öl bestreichen und auf dem heißen Rost (oder in der Grillpfanne) bei mittlerer bis starker Hitze ca. 10 Min. rundum braun grillen. Die Röllchen dabei erst drehen, wenn sie fest genug geworden sind. Zwischendurch nochmals mit Öl bestreichen.

5. Die Gemüsezwiebeln abziehen und grob hacken. Die gegrillten Hackfleischröllchen mit den Zwiebelwürfeln servieren. Als Beilage Ajvar (aus dem Glas oder selbst gemacht, Seite 106) und Bauernbrot reichen.

⊙ Zubereitung: 30 Min.	
⊙ Grillzeit: 10 Min.	Pro Portion ca.: 475 kcal

Fleisch & Geflügel

Lammlende und Hack mit Minzjoghurt

Für Holzkohlengrill/Ofengrill
Für 4 Personen:
**400 g Lammlende (ersatzweise Lammkeule ohne Knochen)
6 Knoblauchzehen
schwarzer Pfeffer
6 EL Olivenöl
600 g Bulgara-Joghurt
1 TL getrocknete Minze
400 g Lammhackfleisch (ersatzweise Rinderhackfleisch)
2 kleine Zwiebeln
Salz
1 TL getrockneter Thymian
1/2 TL rosenscharfes Paprikapulver
1 Msp. Cayennepfeffer
4 lange grüne Peperoni (scharf oder mild)
600 g reife Tomaten
2 EL Butter
200 g altbackenes türkisches Fladenbrot**
Außerdem:
**Holzspieße
Öl für den Rost**

Tipp

Für dieses türkische Rezept dürfen Sie statt Lammlende auch Schweinefilet nehmen. Als Wein passt ein roter Villa Doluca aus der französischen Rotweinrebsorte Gamay gut dazu.

1. Die Lammlende in 1 cm dicke Scheiben schneiden. 2 Knoblauchzehen abziehen und zum Fleisch pressen. Pfeffern und 3 EL Olivenöl zugießen. Alles vermischen und bis zum Grillen zugedeckt in den Kühlschrank stellen.

2. Joghurt, etwas Salz und zerbröselte Minze mischen. So viel Wasser unterrühren, bis eine dickflüssige Sauce entsteht. Kühl stellen.

3. Das Hackfleisch in eine Schüssel geben. 1 Zwiebel und 2 Knoblauchzehen abziehen. Die Zwiebel auf einer Gemüsereibe zum Hack reiben, den Knoblauch dazupressen. Mit Salz, Pfeffer, Thymian, Paprikapulver und Cayennepfeffer pikant bis scharf würzen. Die Hackmasse gut durchkneten.

4. Die Peperoni waschen, in 5 cm lange Stücke schneiden, aufschlitzen und die Kerne entfernen. Die Stielansätze der Tomaten entfernen. Die Tomaten kurz überbrühen, häuten und entkernen. Das Fruchtfleisch würfeln. 2 Knoblauchzehen und 1 Zwiebel abziehen, den Knoblauch fein hacken.

5. 2 EL Olivenöl erhitzen. Die Zwiebel auf einer Gemüsereibe ins Öl reiben und bei mittlerer Hitze kurz darin andünsten. Knoblauch und Tomatenwürfel unterrühren, 10 Min. offen schmoren lassen. Die Sauce zuletzt mit Salz und Pfeffer würzen und vom Herd nehmen.

6. Den Holzkohlengrill oder Backofengrill anheizen. Aus der Hackmasse golfballgroße Kugeln formen, etwas flach drücken und mit 1 EL Olivenöl bestreichen. Die Lammlende abtropfen lassen und jede Scheibe halb zusammenfalten. Metallspieße ölen. Abwechselnd Peperonistücke, Hackbällchen und Lammlende aufstecken.

7. Den Grillrost leicht ölen. Die Butter zerlassen. Das Fladenbrot in fingerdicke Streifen schneiden, mit Butter bestreichen und auf dem heißen Rost goldgelb grillen (oder im Ofengrill rösten). In 2 cm große Würfel schneiden und auf vier Teller verteilen.

8. Den Grillrost erneut ölen und die Spieße darauf bei starker Hitze pro Seite 3–5 Min. grillen.

9. Den Minzjoghurt über die Brotwürfel gießen und die Tomatensauce darüber klecksen. Die Fleischspieße salzen und pfeffern, auf dem Brot anrichten und sofort servieren.

○ Zubereitung: 1 Std. 15 Min.
○ Grillzeit: 10 Min.   Pro Portion ca.: 925 kcal

Fleisch & Geflügel

Für Holzkohlengrill/Ofengrill
Für 4 Personen:
4 lange, dünne Schweineschnitzel à 150 g (ersatzweise Putenschnitzel)
schwarzer Pfeffer
1/2 TL getrockneter Thymian
1/2 TL getrockneter Oregano
2 Knoblauchzehen
5 EL Pflanzenöl
Salz
Prise Cayennepfeffer
Außerdem:
Holzspieße
Öl für den Rost

Ziehharmonika-Schnitzel

1. Die Schnitzel mit der flachen Seite des Fleischklopfers etwas dünner klopfen. Mit Pfeffer und Kräutern bestreuen.

2. Den Knoblauch abziehen und zum Öl pressen. Mit Salz und Cayennepfeffer verrühren.

3. Den Holzkohlengrill oder Backofengrill anheizen. Holzspieße wässern und die Schnitzel der Länge nach ziehharmonikaartig aufstecken. Mit etwas Knoblauchöl bestreichen.

4. Den Grillrost leicht ölen. Die Spieße auf dem heißen Rost bei mittlerer Hitze 10–12 Min. grillen. Dabei öfter wenden und mit Knoblauchöl bepinseln. Sofort servieren.

Tipp

Dickere Schnitzel müssen etwas länger gegrillt werden, bis sie durchgebraten sind.

Zubereitung: 35 Min.
Grillzeit: 12 Min.
Pro Portion ca.: 250 kcal

Für Holzkohlengrill/Grillpfanne
Für 4 Personen:
4 Schweinezungen à 250 g
2 TL Wacholderbeeren
2 Lorbeerblätter
Salz, schwarzer Pfeffer
3 TL scharfer Senf
3 TL Pflanzenöl
Öl für den Rost

Senf-Züngerl vom Grill

1. Die Schweinezungen waschen und in einem Topf mit Wasser bedecken. Wacholderbeeren, Lorbeer und Salz zugeben. Langsam zum Kochen bringen und zugedeckt bei schwacher Hitze ca. 1 Std. garen. Die Zungen im Sud abkühlen lassen.

2. Den Holzkohlengrill anheizen. Zungen aus dem Sud heben, abtropfen lassen und mit Küchenpapier trockentupfen. Häute und unschöne Teile wegschneiden. Jede Zunge längs in vier Scheiben schneiden.

3. Senf, Öl sowie etwas Salz und Pfeffer verrühren. Die Zungenscheiben rundum mit Senföl bestreichen. Den Grillrost leicht ölen. Die Scheiben auf dem heißen Rost (oder in der Grillpfanne) bei mittlerer Hitze pro Seite 5–7 Min. grillen, bis sie schön gebräunt sind. Sofort servieren.

Tipp

Die Züngerl lassen sich gut vorbereiten. Sie können schon am Vortag gekocht werden und bleiben bis zur Verwendung im Sud liegen. Wenn's regnet, rösten Sie die Zungenscheiben einfach in der Grillpfanne oder unter dem Ofengrill.

Zubereitung: 1 Std. 25 Min.
Grillzeit: 14 Min.
Pro Portion ca.: 570 kcal

Fleisch & Geflügel

Für den Holzkohlengrill
Für 4 Personen:
1,5 kg fleischige Schweinerippen (Schälrippchen) in Portionsstücken
Für die Barbecue-Sauce:
2 Zwiebeln
4 Knoblauchzehen
4 EL Erdnussöl
2 TL bunte Pfefferkörner
2 TL scharfer Senf
1 Packung passierte Tomaten (500 g Inhalt)
2 EL Rotweinessig
2 EL Worcestersauce
3 EL Aprikosenkonfitüre
Salz, Cayennepfeffer
Außerdem:
Öl für den Rost

Gegrillte Schweinerippen (Barbecued Spareribs)

1. Die Schweinerippen kalt abspülen, mit Küchenpapier trockentupfen und beiseite stellen.

2. Für die Sauce Zwiebeln und Knoblauch abziehen und fein würfeln. In 2 EL Öl glasig schmoren. Die Pfefferkörner im Mörser zerstoßen. Pfeffer, Senf, Tomaten, Essig, Worcestersauce und Aprikosenkonfitüre zugeben. 10 Min. offen köcheln, bis die Sauce glatt und dick ist. 2 EL Öl unterrühren und mit Salz und Cayennepfeffer pikant abschmecken.

3. Den Holzkohlengrill anheizen. Die Rippchen rundum mit einem Drittel der Sauce bestreichen. Den Grillrost leicht ölen. Die Rippchen auf dem heißen Grillrost bei mittlerer Hitze je nach Dicke 45–60 Min. grillen. Dabei öfter wenden und regelmäßig mit Barbecue-Sauce bepinseln.

4. Die Spareribs servieren, sobald sie rundum knusprig braun sind. Die Sauce getrennt dazu reichen.

⏲ Zubereitung: 25 Min.	
⏲ Grillzeit: 1 Std.	Pro Portion ca.: 390 kcal

Für Holzkohlengrill/Grillpfanne
Für 4 Personen:
4 Schweinesteaks (Lende) à 125 g
300 g Grillzwiebeln
250 g Champignons
30 g Butter
3 Lorbeerblätter
Salz, schwarzer Pfeffer
Außerdem:
Holzspieße
Öl für den Rost

Tipp

Gemüsespieße und Steaks eignen sich auch für die Grillpfanne. Braten Sie die Steaks zunächst bei mittlerer bis starker Hitze pro Seite 4–5 Min. Legen Sie sie dann um einen Viertelkreis gedreht nochmals auf die zuerst gegrillte Seite. So entsteht ein Kreuzmuster.

Schweinesteaks mit Champignons

1. Die Schweinesteaks mit Küchenpapier abtupfen und mit der flachen Seite des Fleischklopfers leicht klopfen.

2. Die Zwiebeln abziehen und in kochendem Wasser ca. 7 Min. überbrühen. Abgießen und abtropfen lassen. Die Champignons putzen und die Stiele kürzen. Zwiebeln und Pilze abwechselnd auf Holzspieße stecken.

3. Den Holzkohlengrill anheizen. Die Butter mit den Lorbeerblättern zerlassen. Wieder abkühlen, aber nicht fest werden lassen. Das Gemüse mit Salz und Pfeffer würzen und mit Öl bestreichen.

4. Den Grillrost leicht ölen. Die Gemüsespieße am Rand des heißen Rosts ca. 15 Min. garen. Dabei gelegentlich drehen. Die Steaks auf beiden Seiten mit Lorbeerbutter bestreichen und in der Mitte des Rosts (oder in der Grillpfanne) bei mittlerer bis starker Hitze pro Seite 4–5 Min. garen, bis sie schön gebräunt sind. Zuletzt salzen und pfeffern und mit den Gemüsespießen servieren.

⏲ Zubereitung: 35 Min.	
⏲ Grillzeit: 15 Min.	Pro Portion ca.: 215 kcal

Fleisch & Geflügel

Für Holzkohlengrill/Grillpfanne
Für 4 Personen:
800 g Schweinefilet
Salz
Zitronenviertel zum Servieren
Für die Marinade:
1 kleine Zwiebel
2 Knoblauchzehen
3 EL Zitronensaft
1 TL getrockneter Oregano
1 TL getrockneter Thymian
schwarzer Pfeffer
6 EL Olivenöl
Außerdem:
ca. 12 Metallspieße
Öl für den Rost

Tipp

Die griechischen Suvlákja lassen sich gut vorbereiten, denn das Fleisch kann auch über Nacht im Kühlschrank marinieren.

Für Holzkohlengrill/Ofengrill
Für 4 Personen:
600 g Schweinefilet
Für die Marinade:
1 Dose ungesüßte Ananasstücke (230 g Abtropfgewicht)
2 Knoblauchzehen
5 EL Sojasauce
1/2 TL Ingwerpulver
1/2 TL Chilipulver
Für die Zitronensauce:
2 Knoblauchzehen
2 Zitronen
1 TL scharfer Senf
Salz, schwarzer Pfeffer
4 EL Pflanzenöl
Außerdem:
ca. 12 Holzspieße
Öl für Spieße, Rost und zum Bestreichen

Filetspießchen vom Grill (Suvlákja)

1. Metallspieße ölen. Das Filet mit Küchenpapier abtupfen und in 2 cm dicke Scheiben schneiden.

2. Für die Marinade Zwiebel und Knoblauch abziehen, im Blitzhacker fein pürieren. Püree, Zitronensaft, Kräuter, Pfeffer und Olivenöl verrühren. Die Filetscheiben darin wenden und zugedeckt im Kühlschrank 2–3 Std. marinieren. Dabei gelegentlich durchmischen.

3. Den Holzkohlengrill anheizen. Die Holzspieße aus dem Wasser nehmen, mit Öl einreiben. Das Fleisch aus der Marinade heben, abtupfen und flach auf die Spieße stecken. Die Marinade beiseite stellen.

4. Den Grillrost leicht ölen. Die Filetspieße auf dem heißen Rost (oder in der Grillpfanne) bei starker Hitze pro Seite 5–7 Min. knusprigbraun grillen. Dabei gelegentlich mit Marinade bestreichen. Salzen und mit Zitronenvierteln servieren.

⏱ Zubereitung: 30 Min.	⏱ Marinierzeit: 3 Std.
⏱ Grillzeit: 14 Min.	Pro Portion ca.: 350 kcal

Schweinefleisch-Teriyaki

1. Holzspieße wässern. Das Filet mit Küchenpapier abtupfen und in 2 cm große Würfel schneiden.

2. Für die Marinade die Ananasstücke abtropfen lassen. Dabei 100 ml Saft auffangen. Den Knoblauch abziehen und zum Saft pressen. Saft, Sojasauce, Ingwer- und Chilipulver verrühren. Das Filet unterheben und zugedeckt im Kühlschrank 2 Std. marinieren. Dabei gelegentlich durchmischen.

3. Den Holzkohlengrill oder Backofengrill anheizen. Für die Zitronensauce die Knoblauchzehen abziehen und fein hacken. Die Zitronen auspressen. Knoblauch, Zitronensaft, Senf, Salz, Pfeffer und Öl verrühren.

4. Das Fleisch aus der Marinade heben und abtropfen lassen. Marinade beiseite stellen. Die Holzspieße aus dem Wasser nehmen und mit Öl einreiben. Fleisch und Ananas abwechselnd auf die Spieße stecken, mit Öl bestreichen.

5. Den Grillrost leicht ölen. Die Spieße auf dem heißen Rost bei mittlerer Hitze ca. 15 Min. grillen. Dabei öfter wenden und mit Marinade bestreichen. Mit Zitronensauce beträufeln und servieren.

⏱ Zubereitung: 1 Std.	⏱ Marinierzeit: 2 Std.
⏱ Grillzeit: 15 Min.	Pro Portion ca.: 410 kcal

Fleisch & Geflügel

Für den Holzkohlengrill
Für 4 Personen:
4 Schweinekoteletts à 200 g
Für die Würzpaste:
3 EL Pimentkörner
3 getrocknete Chilis
2 Lorbeerblätter
2 Zwiebeln
3 Knoblauchzehen
1 EL brauner Zucker
2 TL frische Thymianblättchen
(ersatzweise 1 TL getrocknete)
Salz, schwarzer Pfeffer
Für die Orangensauce:
1 EL Pflanzenöl
250 ml Orangensaft
3 EL Orangenmarmelade
1–2 EL Sojasauce
Cayennepfeffer
Außerdem:
Öl für den Rost
Pimentkörner und Lorbeerblätter
für den Grill (wer mag)

Tipp

Bei diesem Gericht lässt sich gut die Resthitze von zu viel Holzkohlenbriketts nutzen.

Pikantes Schweinefleisch aus Jamaika

1. Die Schweinekoteletts mit Küchenpapier abtupfen.

2. Für die Würzpaste die Pimentkörner in einem Pfännchen ohne Fett bei mittlerer Hitze kurz anrösten, bis sie duften. Piment, Chilis, Lorbeer und eine Prise Salz im Mörser zerreiben. Zwiebeln und Knoblauch abziehen und in Stücke schneiden. Zwiebeln, Knoblauch, Gewürzmischung, Zucker und Thymian im Mixer oder Blitzhacker pürieren. Mit Salz und Pfeffer pikant abschmecken.

3. Die Koteletts mit der Hälfte der Würzpaste rundum bestreichen. Zugedeckt im Kühlschrank 2–3 Std. marinieren.

4. Für die Orangensauce das Pflanzenöl erhitzen. Die restliche Würzpaste unter Rühren ca. 5 Min. darin andünsten. Den Orangensaft angießen und die Orangenmarmelade einrühren. Aufkochen und offen bei schwacher Hitze ca. 10 Min. leise köcheln lassen. Mit Sojasauce, Cayennepfeffer, Salz und Pfeffer scharf-würzig abschmecken. Die Sauce abkühlen lassen, dabei gelegentlich umrühren.

5. Den Holzkohlengrill (mit Holzkohlenbriketts) anheizen. Die gut durchgeglühte Kohle an die Ränder der Kohlenpfanne schieben.

6. Den Grillrost leicht ölen. Die Koteletts in der Mitte des heißen Rosts (nicht über der Kohle) bei langsam absinkender Hitze 45 Min. garen. Dabei gelegentlich wenden. Nach Wunsch Piment und Lorbeer zum Aromatisieren auf die Kohle streuen. Die Koteletts sind gar, wenn beim Anstechen mit einer Nadel klarer Fleischsaft austritt. Mit der Orangensauce servieren.

Variante

Auch andere Fleischsorten (z. B. Hähnchen, Fisch, Garnelen) eignen sich für diese Zubereitungsart. Die Grillzeit beträgt für Hähnchenschenkel 45 Min., für Fisch, Garnelen und Wurst 20–30 Min.

⏱ Zubereitung: 45 Min.	⏱ Marinierzeit: 3 Std.
⏱ Grillzeit: 45 Min.	Pro Portion ca.: 345 kcal

Fleisch & Geflügel

Für Holzkohlengrill/Grillpfanne
Für 4 Personen:
**4 Kalbsschnitzel à 150 g
Zitronenpfeffer
5 EL Olivenöl
500 g reife Eiertomaten (ersatzweise Fleischtomaten)
2 Knoblauchzehen
1 EL Kapern
3 Stängel Basilikum
2 EL Aceto Balsamico
Salz, Pfeffer
Öl für den Rost**

Tipp

Dazu schmeckt italienisches Weißbrot oder Ciabatta.

Kalbsschnitzel vom Grill mit roher Tomatensauce

1. Die Kalbsschnitzel mit Küchenpapier abtupfen und mit der flachen Seite des Fleischklopfers dünn klopfen. Mit Zitronenpfeffer würzen und dünn mit 1 EL Olivenöl bestreichen. Das Fleisch in Frischhaltefolie wickeln und bis zum Grillen im Kühlschrank marinieren.

2. Die Tomaten kurz überbrühen, häuten und entkernen. Das Fruchtfleisch würfeln. Den Knoblauch abziehen und dazupressen. Die Kapern hacken. Basilikumblätter klein schneiden. Kapern, Basilikum, Aceto Balsamico, 4 EL Olivenöl, Salz und Pfeffer unter die Tomaten mischen. Bei Zimmertemperatur durchziehen lassen.

3. Den Holzkohlengrill anheizen. Den Grillrost leicht ölen. Die Kalbsschnitzel auf dem heißen Rost (oder in der Grillpfanne) bei sehr starker Hitze pro Seite 1–2 Min. grillen. Mit der Tomatensauce servieren.

Zubereitung: 30 Min.
Grillzeit: 4 Min.
Pro Portion ca.: 315 kcal

Für Holzkohlengrill/Grillpfanne
Für 4 Personen:
**8 dünne Kalbsschnitzelchen à 75 g
1 EL Kapern
1–2 TL Sardellenpaste (aus der Tube)
50 g roher Schinken in dünnen Scheiben
8 frische Salbeiblätter
4 EL Butterschmalz
2 Knoblauchzehen
Salz, schwarzer Pfeffer
Rouladennadeln**

Tipp

Dieses Gericht können Sie auch mit Putenschnitzeln zubereiten. Sardellenpaste ist ziemlich salzig. Salzen Sie die gegrillten Kalbsröllchen daher eher sparsam.

Kalbsröllchen mit Schinken

1. Die Kalbsschnitzel mit der flachen Seite des Fleischklopfers etwas dünner klopfen. Die Kapern abtropfen lassen, hacken und mit der Sardellenpaste vermischen.

2. Die Schnitzel auf einer Seite dünn mit der Kapernecreme bestreichen. Jeweils mit einer Schinkenscheibe und einem Salbeiblatt belegen. Die Schnitzel aufrollen und das Ende mit einer Rouladennadel feststecken.

3. Den Holzkohlengrill anheizen. Das Butterschmalz zerlassen. Den Knoblauch abziehen und ins Schmalz pressen, kurz erhitzen (nicht bräunen). Den Grillrost leicht ölen.

4. Die Röllchen mit der Knoblauchbutter bestreichen und auf dem heißen Rost (oder in der Grillpfanne) bei mittlerer Hitze ca. 15 Min. grillen, bis sie schön gebräunt sind. Dabei öfter wenden und mit Knoblauchbutter bepinseln. Mit Salz und Pfeffer würzen, sofort servieren.

Zubereitung: 20 Min.
Grillzeit: 15 Min.
Pro Portion ca.: 290 kcal

Fleisch & Geflügel

Entrecôtes mit Schalottensauce

Für Holzkohlengrill/Grillpfanne
Für 4 Personen:
4 Entrecôtes à 180 g (ersatzweise Rumpsteaks)
2 EL Olivenöl
Für die Schalottensauce:
150 g Schalotten (ersatzweise weiße Zwiebeln)
1 Knoblauchzehe, 2 EL Butter
250 ml kräftiger Rotwein (ersatzweise Gemüsebrühe mit etwas Tomatenmark)
2 EL Cognac (wer mag)
Salz, schwarzer Pfeffer
Außerdem:
Öl für den Rost

Tipp
Damit die Steaks auch wirklich zart werden, müssen sie ca. 1 Std. vor dem Grillen aus dem Kühlschrank genommen werden.

1. Die Entrecôtes mit Küchenpapier abtupfen. Den Fettrand einschneiden, damit sich die Scheiben beim Braten nicht wölben. Fleisch kräftig mit Olivenöl einreiben, in Frischhaltefolie wickeln und bis zum Grillen kühl stellen.

2. Für die Sauce Schalotten und Knoblauch abziehen und fein würfeln. Die Butter in einem hitzebeständigen Topf zerlassen. Schalotten- und Knoblauchwürfel darin bei mittlerer Hitze ca. 5 Min. anbraten. Rotwein und eventuell Cognac angießen und bei starker Hitze knapp bis zur Hälfte einkochen lassen. Die Sauce mit Salz und Pfeffer würzen und vom Herd nehmen.

3. Den Holzkohlengrill anheizen. Das Fleisch rechtzeitig aus dem Kühlschrank nehmen. Den Grillrost leicht ölen. Die Steaks auf dem heißen Rost (oder in der Grillpfanne) bei starker Hitze pro Seite 3–5 Min. grillen. Bei schwacher Hitze hoch über der Glut noch 5 Min. nachziehen lassen. Die Sauce direkt in der Glut erhitzen.

⏱ Zubereitung: 35 Min.	
⏱ Grillzeit: 15 Min.	Pro Portion ca.: 375 kcal

Rostbraten mit Oliven-Marmelade

Für Holzkohlengrill/Grillpfanne
Für 4 Personen:
4 Scheiben Rostbraten (z. B. Roastbeef, Huftsteaks) à 180 g
2 EL Olivenöl
Für die Oliven-Marmelade:
200 g schwarze Oliven
2 Zwiebeln
2 EL Butter
2 EL Zucker
200 ml Rotwein (ersatzweise roter Traubensaft)
2 EL Zitronensaft
2 EL Orangenmarmelade
Salz, schwarzer Pfeffer
Außerdem:
Öl für den Rost

1. Das Fleisch mit der flachen Seite des Fleischklopfers leicht klopfen, mit Küchenpapier abtupfen. Den Fettrand einschneiden, damit sich die Steaks beim Grillen nicht wölben. Die Steaks mit Olivenöl einreiben, in Frischhaltefolie wickeln und kühl stellen.

2. Für die Oliven-Marmelade das Oliven-Fruchtfleisch in Streifen von den Kernen schneiden. Zwiebeln abziehen und fein hacken. Die Butter zerlassen und die Zwiebeln darin andünsten. Zucker einstreuen und karamellisieren lassen. Mit Rotwein und Zitronensaft ablöschen, etwas einkochen lassen. Olivenstreifen und Marmelade zugeben. Aufkochen, salzen, pfeffern und abkühlen lassen.

3. Den Holzkohlengrill anheizen. Fleisch rechtzeitig aus dem Kühlschrank nehmen. Grillrost leicht ölen. Die Steaks auf dem heißen Rost (oder in der Grillpfanne) bei starker Hitze pro Seite 3–5 Min. rosig bis durch grillen. Bei schwacher Hitze hoch über der Glut noch 5 Min. ziehen lassen. Mit der Oliven-Marmelade servieren.

⏱ Zubereitung: 35 Min.	
⏱ Grillzeit: 15 Min.	Pro Portion ca.: 475 kcal

Fleisch & Geflügel

Für Holzkohlengrill/Ofengrill
Für 4 Personen:
**4 Kluftsteaks (Beefsteaks) à 180 g
Salz**
Für die Marinade:
**1 Zwiebel
2 Knoblauchzehen
1/2 Bund Petersilie
4 EL Pflanzenöl
3 EL Rotweinessig
2 EL Ketchup
1 TL Worcestersauce
1/2 TL getrockneter Oregano
3–4 Tropfen Tabasco
schwarzer Pfeffer
Prise Zucker**
Außerdem:
Öl für den Rost

Marinierter Schwenkbraten

1. Die Kluftsteaks leicht mit der flachen Seite des Fleischklopfers klopfen und mit Küchenpapier abtupfen.

2. Für die Marinade Zwiebel und Knoblauch abziehen, sehr fein hacken. Die Petersilie waschen, trockenschütteln und die Blättchen fein hacken. Zwiebel- und Knoblauchwürfel, Petersilie, Öl, Essig und Ketchup verrühren. Die Mischung mit Worcestersauce, Oregano, Tabasco, Pfeffer und Zucker pikant abschmecken.

3. Die Steaks in der Marinade wenden und zugedeckt 4–6 Std. im Kühlschrank marinieren. Dabei gelegentlich wenden.

4. Den Holzkohlengrill oder Backofengrill anheizen. Das Fleisch rechtzeitig aus dem Kühlschrank nehmen und abtropfen lassen. Den Grillrost leicht ölen. Die Steaks auf dem heißen Rost bei mittlerer Hitze 10–15 Min. grillen, bis sie gut gebräunt sind. Dabei gelegentlich wenden. Zuletzt bei schwacher Hitze hoch über der Glut noch 5 Min. nachziehen lassen. Salzen und servieren.

⏲ Zubereitung: 30 Min.	⏲ Marinierzeit: 6 Std.
⏲ Grillzeit: 15 Min.	Pro Portion ca.: 505 kcal

Für Holzkohlengrill/Grillpfanne
Für 4 Personen:
**4 Rumpsteaks à 180 g (ersatzweise Entrecôtes)
2 EL Olivenöl**
Für die Rotwein-Schalotten-Butter:
**1 Schalotte
1/2 Knoblauchzehe
75 g weiche Butter
50 ml kräftiger Rotwein (ersatzweise milder Rotweinessig)
Salz, schwarzer Pfeffer**
Außerdem:
**Öl für den Rost
Alufolie**

Rumpsteaks mit Rotwein-Schalotten-Butter

1. Die Rumpsteaks mit Küchenpapier abtupfen. Den Fettrand bis zum Fleisch einschneiden, damit sich die Scheiben beim Braten nicht wölben. Das Fleisch mit Olivenöl einreiben, in Frischhaltefolie wickeln und bis zum Grillen kühl stellen.

2. Für die Rotwein-Butter Schalotte und Knoblauch abziehen und sehr fein hacken. 1 EL Butter erhitzen und die Schalotten- und Knoblauchwürfel darin goldgelb dünsten. Den Wein zugießen und fast vollständig einkochen lassen. Den Fond mit Salz und Pfeffer würzen und unter die restliche Butter kneten. Die Butter zu einer Rolle formen, in Alufolie wickeln und mindestens 4 Std. kühlen.

3. Den Holzkohlengrill anheizen. Die eiskalte Butter in Scheiben schneiden.

4. Den Grillrost leicht ölen. Die Steaks auf dem heißen Rost (oder in der Grillpfanne) bei starker Hitze 3–5 Min. pro Seite rosig bis durch grillen. Zum Servieren mit Salz und Pfeffer würzen und mit Butterscheiben belegen.

⏲ Zubereitung: 30 Min.	⏲ Kühlzeit: 4 Std.
⏲ Grillzeit: 10 Min.	Pro Portion ca.: 415 kcal

Tipp

Die Butter lässt sich auch mit etwas Rote-Bete-Saft schön färben.

Fleisch & Geflügel

Für Holzkohlengrill/Grillpfanne
Für 4 Personen:
12 doppelte Lammkoteletts
Salz, schwarzer Pfeffer
Zitronenspalten zum Servieren
Für die Marinade:
1 unbehandelte Zitrone
1 kleine Zwiebel
2 Knoblauchzehen
1/2 TL Korianderkörner
1 getrocknete Chili (ersatzweise Cayennepfeffer)
3 EL Olivenöl
1 TL Honig
Außerdem:
Öl für den Rost

Tipp
Diese Marinade eignet sich für jedes Fleisch und Geflügel.

Marinierte Lammkoteletts

1. Die Lammkoteletts mit Küchenpapier abtupfen. Für die Marinade die Zitrone heiß waschen, ca. 2 TL Schale abreiben, dann auspressen. Zwiebel und Knoblauch abziehen und in Stücke schneiden. Koriander und Chili im Mörser zerstoßen. Zitronenschale, Zwiebel- und Knoblauchstücke zugeben und alles glatt zerstampfen. Dabei etwas Zitronensaft zufügen. Öl und Honig unterrühren.

2. Die Lammkoteletts mit der Marinade bestreichen und zugedeckt im Kühlschrank 3 Std. marinieren. Dabei gelegentlich wenden.

3. Den Holzkohlengrill anheizen. Das Fleisch aus der Marinade heben und mit Küchenpapier abtupfen. Den Grillrost leicht ölen. Die Koteletts auf dem heißen Rost (oder in der Grillpfanne) bei starker Hitze pro Seite 5–7 Min. grillen, bis sie schön braun, innen aber noch rosig sind. Nach dem Wenden wieder mit Marinade bepinseln. Bei schwacher Hitze hoch über der Glut noch 5 Min. nachziehen lassen. Mit Salz und Pfeffer würzen, mit Zitronenspalten servieren.

⏱ Zubereitung: 35 Min. | ⏱ Marinierzeit: 3 Std.
⏱ Grillzeit: 20 Min. | Pro Portion ca.: 930 kcal

Für Holzkohlengrill/Ofengrill
Für 4 Personen:
400 g Lammlende (ausgelöster Lammrücken, ersatzweise Keule)
300 g durchwachsener Schweinebauch (ersatzweise Brustspitze)
1 Knoblauchzehe
Salz, schwarzer Pfeffer
100 g getrocknete Aprikosen (möglichst ungeschwefelt)
Für die Marinade:
2 Zwiebeln
3 Knoblauchzehen
3 EL Erdnussöl
1 EL scharfes Currypulver
2 EL brauner Zucker
200 ml milder Weinessig
50 g Aprikosenkonfitüre
1 EL Speisestärke
Außerdem:
Holzspieße
Öl für den Rost

Lamm-Aprikosen-Spieße

1. Lende und Schweinebauch in 3 cm große Würfel schneiden. Den Knoblauch abziehen, halbieren und eine Schüssel damit ausreiben. Die Fleischwürfel hineingeben, salzen, pfeffern und kühl stellen.

2. Für die Marinade Zwiebeln und Knoblauch abziehen und fein hacken. Das Öl erhitzen. Zwiebel- und Knoblauchwürfel darin goldbraun braten. Currypulver und Zucker darüber streuen, den Essig angießen und die Aprikosenkonfitüre einrühren. Alles erhitzen. Die Stärke in 2 EL Wasser lösen und in die heiße Sauce rühren. Nochmals aufkochen, dann erkalten lassen. Die Marinade über das Fleisch gießen, durchmischen und zugedeckt mindestens 12 Std. oder über Nacht kühl stellen.

3. Die Aprikosen mit warmem Wasser übergießen und 1 Std. quellen lassen. Den Holzkohlengrill oder Backofengrill anheizen.

4. Das Fleisch aus der Marinade heben, abtropfen lassen, Marinade auffangen. Holzspieße wässern. Abwechselnd Fleischwürfel und Aprikosen aufstecken. Den Grillrost leicht ölen. Die Spieße auf dem heißen Rost bei nicht zu starker Hitze pro Seite 8–10 Min. knusprig-braun grillen. Die Marinade aufkochen, mit Salz und Pfeffer abschmecken und heiß zu den Spießen servieren.

⏱ Zubereitung: 1 Std. | ⏱ Marinierzeit: 12 Std.
⏱ Grillzeit: 20 Min. | Pro Portion ca.: 600 kcal

Fleisch & Geflügel

Großer Spieß (Kondosouvli)

Für Holzkohlengrill/Ofengrill
Für 4 Personen:
800 g Schweinelende
Zitronenviertel zum Garnieren
Für die Marinade:
2 große Tomaten
2 Zwiebeln
4 Knoblauchzehen
1 TL getrockneter Thymian
1 TL getrockneter Oregano
8 EL Olivenöl
3 EL Zitronensaft
Salz, Pfeffer
Außerdem:
großer Grillspieß
Öl für den Spieß

1. Die Schweinelende längs halbieren und in 2 cm dicke Scheiben schneiden.

2. Für die Marinade die Stielansätze der Tomaten entfernen. Die Tomaten kurz überbrühen, häuten und entkernen. Zwiebeln und Knoblauch abziehen, grob würfeln. Tomaten, Zwiebel- und Knoblauchwürfel im Blitzhacker oder Mixer pürieren. Die Kräuter in der Handfläche zerreiben und mit Olivenöl und Zitronensaft unter das Püree rühren. Kräftig salzen und pfeffern.

3. Die Hälfte der Marinade über die Fleischstücke gießen und gut durchmischen. Zugedeckt im Kühlschrank 4–6 Std. marinieren. Die übrige Marinade als Sauce ebenfalls kühl stellen.

4. Den Holzkohlengrill oder Backofengrill anheizen. Den Grillspieß ölen. Die Fleischstücke abtropfen lassen und eng nebeneinander auf den Spieß stecken. Die Marinade auffangen.

5. Den Fleischspieß dicht über der Holzkohle unter ständigem Drehen 15 Min. bei starker Hitze grillen. Dann bei schwächerer Hitze 45–60 Min. weitergaren. Das Fleisch ist gar, wenn beim Anstechen mit einer Nadel klarer Fleischsaft austritt. Während des Grillens gelegentlich mit der aufgefangenen Marinade bestreichen.

6. Die Fleischstücke vom Spieß abziehen und mit Zitronenvierteln garnieren. Die Sauce getrennt dazu servieren.

Variante

Kondosouvli im Pergamentpapier
Wenn das Grillfest ins Wasser fällt, wickeln Sie den vorbereiteten Spieß in einen großen Bogen geöltes Pergamentpapier oder Backpapier. Die Enden zudrehen oder zubinden. Den Backofen auf 225° (Umluft 200°) vorheizen. Den Spieß im Ofen (Mitte) zunächst 30 Min. garen, dann die Hitze auf 200° (Umluft 175°) zurückschalten und das Paket noch 1 Std. 15 Min. garen. Dabei öfter wenden. Danach sollte das Pergamentpapier dunkelbraun, aber nicht schwarz verbrannt sein. Den Spieß im Papier auf den Tisch bringen. Vor den Gästen auspacken und die Fleischstücke abziehen.

Tipp

Dazu gibt's Weißbrot, Tzatziki (Seite 104), einen Tomaten-Gurken-Paprika-Salat (Seite 114) und als Tischwein natürlich einen griechischen Retsina.

⏱ Zubereitung: 20 Min.	⏱ Marinierzeit: 6 Std.
⏱ Grillzeit: 1 Std. 15 Min.	Pro Portion ca.: 400 kcal

Fleisch & Geflügel

Lammkeule am Spieß (Mechoui)

Für Holzkohlengrill/Ofengrill
Für 6–8 Personen:
1 Lammkeule mit Knochen (1,5 kg)
3 TL getrocknete Minze
2 TL getrockneter Oregano
1 TL frisch gemahlener schwarzer Pfeffer
1/2 TL Zimtpulver
1/2 TL gemahlene Gewürznelken
6–8 kleine Knoblauchzehen
Salz
150 ml Olivenöl
Drehspieß

1. Die Lammkeule mit Küchenpapier abtupfen. Abstehende Haut- und Sehnenreste glatt abschneiden, Fettreste belassen.

2. Kräuter und Gewürze mischen. Den Knoblauch abziehen, längs halbieren und in der Gewürzmischung wenden. Salz bereitstellen.

3. Die Lammkeule mit einem spitzen Messerchen parallel zu den Fleischfasern einstechen. Einen Finger in das Salz tauchen und die Einstiche so vergrößern, dass eine Knoblauchhälfte Platz hat. Die Keule auf diese Art rundum gleichmäßig mit Knoblauch spicken.

4. Die restliche Kräuter-Gewürz-Mischung mit Olivenöl verrühren. Die Keule mit einem Teil davon rundum bestreichen. In Frischhaltefolie wickeln und im Kühlschrank 4–6 Std. oder über Nacht marinieren. Ca. 1 Std. vor dem Grillen aus dem Kühlschrank nehmen.

5. Den Holzkohlengrill mit reichlich Holzkohlenbriketts oder den Backofengrill anheizen. Die Lammkeule aus der Folie wickeln und auf den Drehspieß stecken. Den Spieß dabei am dicken Teil der Keule ansetzen und längs durch die Fleischmitte stecken. Sobald die Briketts mit einer weißen Ascheschicht überzogen sind, im Kohlenbehälter vor und hinter dem für den Spieß vorgesehenen Platz verteilen.

6. Die Lammkeule zunächst bei starker, dann bei mittlerer Hitze ca. 45 Min. garen. Dabei ständig drehen. Den Spieß abnehmen und die gegarten äußeren Fleischschichten mit einem scharfen Messer dünn abschneiden. Sofort servieren. Den Spieß wieder über die Glut hängen und weitergrillen, bis die nächsten Portionen gar sind.

Tipp

Praktisch an diesem marokkanischen Rezept: Nach 45 Min. sind die ersten Portionen gar und können – wie bei Giros – abgesäbelt werden. Zudem kann jeder wählen, ob er sein Fleisch lieber durchgebraten oder eher rosig haben möchte. Dazu schmecken Fladenbrot und Salat.

Variante

Falls Sie nur eine ausgelöste Lammkeule bekommen, füllen Sie die Knochenhöhlung mit ganzen, gewürzten Knoblauchzehen und packen das Fleisch in einen gut geölten Grillkorb. Die Keule dann 1 Std. 15–30 Min. grillen. Zum Servieren quer in Scheiben schneiden.
Im Backofen braucht die Keule bei 200° (Umluft 180°) ca. 2 Std. Währenddessen öfter mit Wasser und Bratfond übergießen.

Zubereitung: 25 Min.	Marinierzeit: 6 Std.
Grillzeit: 1 Std. 30 Min.	Pro Portion ca.: 485 kcal

Fisch & Meeresfrüchte

Fingerspitzengefühl

Fische und Meeresfrüchte vom Holzkohlengrill schmecken unvergleichlich gut, denn die Gluthitze versiegelt rasch die Oberfläche, der Saft bleibt im Fleisch. Dazu kommt die Würze des Grillkohlenaromas – da braucht man kaum noch weitere Zutaten. Allerdings sind die meisten Fische sehr zartfleischig und zerfallen leicht beim Wenden. Deshalb immer gut mit Öl bestreichen und am besten in speziellen Fischgrillgittern rösten. So lassen sie sich leicht im Ganzen umdrehen. Aber auch Alufolie oder Blätter sind als Hülle geeignet, um Fische in Form zu halten.

Steckerlfische

Für den Holzkohlengrill
Für 4 Personen:
4 küchenfertige Makrelen à 300 g
Salz, Pfeffer
4 frische Majoranzweige
4 Lorbeerblätter
Öl zum Bestreichen
Außerdem:
4 lange Holzspieße
Blumendraht

1. Die Holzspieße wässern. Die Fische kalt abspülen und mit Küchenpapier trockentupfen. Innen und außen salzen und pfeffern. Majoran und Lorbeer in die Bauchhöhlen füllen. Die Fische der Länge nach auf die Spieße stecken und außen mit Öl bestreichen.

2. Den Holzkohlengrill so anheizen, dass die glühende Kohle bergartig in der Mitte angehäuft ist. Die Fische kreisförmig mit den Köpfen nach unten in die Kohle stecken. Die oberen Spießenden mit Blumendraht zusammenbinden.

3. Die Fische ca. 25 Min. grillen. Dabei gelegentlich mit Öl bestreichen und die Spieße drehen.

Zubereitung: 15 Min.
Grillzeit: 25 Min.   Pro Portion ca.: 400 kcal

Tintenfische gegrillt mit Knoblauch

Für Holzkohlengrill/Ofengrill
Für 4 Personen:
1 kg küchenfertige Sepia (frisch oder tiefgekühlt)
4 EL Olivenöl, 2 EL Zitronensaft
Salz, schwarzer Pfeffer, 4 Knoblauchzehen
Öl für den Rost

1. Tiefgekühlte Tintenfische gefroren in kochendes Wasser geben. Vom Herd nehmen und die Sepien 5 Min. im Wasser ziehen lassen. Frische Tintenfische 1 Min. überbrühen. In ein Sieb gießen und abtropfen lassen. Mit Küchenpapier trockentupfen.

2. Den Holzkohlengrill oder Backofengrill anheizen. Olivenöl, Zitronensaft, Salz und Pfeffer verrühren und die Tintenfische damit bepinseln. Den Knoblauch abziehen und fein hacken.

3. Den Grillrost ölen. Die Sepien auf dem heißen Rost bei starker Hitze 10–15 Min. bräunen. Dabei mehrmals wenden und mit Würzöl bestreichen. Mit Knoblauch bestreut servieren.

Zubereitung: 20 Min.
Grillzeit: 15 Min.   Pro Portion ca.: 265 kcal

Kabeljau vom Grill

Für Holzkohlengrill/Grillpfanne
Für 4 Personen:
8 dicke Kabeljaukoteletts (ca. 1 kg)
3 Knoblauchzehen
6 EL Olivenöl
2 EL Zitronensaft
Salz, schwarzer Pfeffer
4 EL grob gehackte Petersilie
Zitronenspalten zum Servieren
Öl für den Rost

1. Den Kabeljau kalt abspülen und trockentupfen. Den Knoblauch abziehen und durchpressen. Knoblauch, 3 EL Olivenöl, Zitronensaft, Salz und Pfeffer verrühren.

2. Den Fisch mit der Marinade bestreichen und zugedeckt im Kühlschrank 1–2 Std. marinieren.

3. Den Holzkohlengrill anheizen. Den Grillrost gut ölen. Den Kabeljau abtupfen. Die Fischkoteletts auf dem heißen Rost (oder in der Grillpfanne) bei starker Hitze pro Seite 5–7 Min. grillen, bis sie gebräunt, aber noch saftig sind. Dabei mit 3 EL Olivenöl bepinseln. Mit Petersilie und Zitronenspalten garniert servieren.

⏱ Zubereitung: 15 Min.   ⏱ Marinierzeit: 2 Std.
⏱ Grillzeit: 15 Min.   Pro Portion ca.: 325 kcal

Forellen auf Rosmarin gegrillt

Für den Holzkohlengrill
Für 4 Personen:
4 Forellen à 250 g
Salz, Pfeffer
12 frische Rosmarinzweige
2 EL Olivenöl

1. Den Holzkohlengrill anheizen. Die Forellen kalt abspülen und mit Küchenpapier trockentupfen. Innen und außen salzen und pfeffern.

2. Sobald die Holzkohle mit einer dicken Ascheschicht überzogen ist, die Rosmarinzweige auf den Rost legen.

3. Die Fische rundum mit Olivenöl bestreichen und auf die Rosmarinzweige legen. Die Forellen bei mittlerer Hitze pro Seite 10–12 Min. grillen. Die Rosmarinzweige dürfen dabei nicht verbrennen. Vorsichtig wenden.

⏱ Zubereitung: 10 Min.
⏱ Grillzeit: 25 Min.   Pro Portion ca.: 170 kcal

Fisch & Meeresfrüchte

Fenchel-Sardinen vom Grill

Für Holzkohlegrill/Ofengrill
Für 4 Personen:
700 g küchenfertige Sardinen (frisch oder tiefgekühlt)
Salz, schwarzer Pfeffer
2 große Fenchelknollen (600 g)
Für die Marinade:
2 Knoblauchzehen
5 EL Olivenöl
2–3 EL Zitronensaft
Außerdem:
Öl für den Rost

1. Die Sardinen kalt abspülen. Dabei die Schuppen vom Schwanz zum Kopf hin abreiben. Fest sitzende Schuppen mit einem Messerrücken abschaben. Die Bauchhöhlen mit dem Daumen gründlich ausreiben. Die Fische mit Küchenpapier trockentupfen, leicht salzen und pfeffern.

2. Den Fenchel waschen. Das Fenchelgrün fein hacken und über die Sardinen streuen. Für die Marinade den Knoblauch abziehen und zum Olivenöl pressen. Zitronensaft zufügen und verrühren. Die Fische damit beträufeln und zugedeckt im Kühlschrank ca. 1 Std. marinieren.

3. Den Holzkohlegrill oder Backofengrill anheizen. Den Fenchel putzen und längs in 1 cm dicke Scheiben schneiden. In Salzwasser 3 Min. überbrühen, gut abtropfen lassen.

4. Die Sardinen aus der Marinade heben und abtropfen lassen. Die Marinade auffangen. Den Grillrost gut ölen. Die Fische in die Mitte des heißen Rosts legen, den Fenchel außen herum verteilen. Bei mittlerer Hitze pro Seite 5–7 Min. grillen. Dabei mit Marinade bestreichen.

Tipp
Sind die Sardinen noch nicht ausgenommen, benötigen Sie ca. 1 kg. Die Fische mit einer spitzen Schere an der Bauchseite aufschneiden und die Eingeweide vorsichtig herausziehen. Gründlich waschen.

⏲ Zubereitung: 30 Min.
⏲ Grillzeit: 15 Min.
⏲ Marinierzeit: 1 Std.
Pro Portion ca.: 310 kcal

Gegrillte Sardinenfilets mit Paprika

Für Holzkohlegrill/Ofengrill
Für 4 Personen:
500 g Sardinenfilets mit Haut (tiefgekühlt)
1 EL Zitronensaft
500 g bunte Paprikaschoten
2 Knoblauchzehen
5 EL Olivenöl
Salz, schwarzer Pfeffer
1 TL getrockneter Thymian
2 EL Aceto Balsamico
Alufolie

1. Den Holzkohlegrill oder Backofengrill anheizen. Die Sardinenfilets kalt abspülen und mit der Hautseite nach unten auf Küchenpapier legen. Mit Zitronensaft beträufeln und auftauen lassen.

2. Die Paprikaschoten waschen, halbieren, putzen und in breite Streifen schneiden. Den Knoblauch abziehen, zum Öl pressen, verrühren. Den Grillrost mit Alufolie belegen und dicht über der Kohle einhängen. Die Paprikastreifen mit Salz und Pfeffer würzen und mit 2 EL Knoblauchöl bestreichen. Auf der heißen Alufolie pro Seite 10–15 Min. schön braun grillen. Auf Tellern anrichten.

3. Die Sardinen abtupfen. Salzen, pfeffern, auf der Fleischseite mit Thymian bestreuen und rundum mit etwas Knoblauchöl bepinseln.

4. Die Sardinen auf der Hautseite 3–4 Min. auf der Alufolie grillen, bis die Fleischseite weiß ist. Neben dem Gemüse anrichten. Die Paprika mit dem restlichen Knoblauchöl und Aceto Balsamico beträufeln.

Tipp
Sardinenfilets sind grillfertig vorbereitet und haben keine Gräten. Allerdings fehlt ihnen das Rückgrat, sodass sie ohne Folie durch den Grillrost fallen würden.

⏲ Zubereitung: 20 Min.
⏲ Grillzeit: 25 Min.
Pro Portion ca.: 285 kcal

Fisch & Meeresfrüchte

Garnelen-Zucchini-Spieße

Für Holzkohlengrill/Grillpfanne
Für 4 Personen:
500 g King Prawns (geschält, tiefgekühlt)
1 mittelgroßer Zucchino
2 Knoblauchzehen
4 EL Olivenöl
Salz, weißer Pfeffer
Zitronenviertel zum Servieren
Außerdem:
Holzspieße
Öl für den Rost

1. Den Holzkohlengrill anheizen. Die Garnelen auftauen lassen. Mit einem Messer auf der Rückenseite einschneiden und den dunklen Darm entfernen. Die Garnelen kalt abspülen und mit Küchenpapier gründlich trockentupfen.

2. Den Zucchino waschen, putzen und quer in dünne Scheiben schneiden. Den Knoblauch abziehen. Hozspieße erst wässern und dann mit Knoblauch einreiben.

3. Garnelen und Zucchini abwechselnd auf die Spieße stecken. Dabei die Zucchinischeiben vor dem Aufspießen in der Mitte leicht zusammendrücken. Den Knoblauch zum Olivenöl pressen. Garnelen und Zucchini mit Salz und Pfeffer würzen, mit etwas Knoblauchöl bestreichen.

4. Den Grillrost gut ölen. Die Garnelenspieße auf dem heißen Rost (oder in der Grillpfanne) bei nicht zu starker Hitze pro Seite ca. 5 Min. grillen, bis sie leicht gebräunt sind. Dabei mehrmals mit Knoblauchöl bepinseln. Die Spieße mit Zitronenvierteln und Aïoli (Variante Seite 104) servieren.

⏱ Zubereitung: 25 Min.
⏱ Grillzeit: 10 Min.
Pro Portion ca.: 210 kcal

Gegrillte Riesengarnelen

Für Holzkohlengrill/Grillpfanne
Für 4 Personen:
500 g Riesengarnelen in der Schale (Gamberoni, frisch oder tiefgekühlt)
1 EL Zitronensaft
Olivenöl zum Bestreichen
Für die Kräutersauce:
3 Stängel Basilikum
2 Zweige Estragon (ersatzweise Dill)
1 EL Kapern
2 hart gekochte Eier
1 frisches Eigelb
1 TL Weißweinessig
1 TL Senf
125 ml Olivenöl extra nativ
Salz, weißer Pfeffer
Außerdem:
Öl für den Rost

1. Tiefgekühlte Garnelen auftauen lassen. Die Panzer auf der Rückenseite mit einer Schere einschneiden und den dunklen Darm entfernen. Dabei die Schalen belassen. Die Garnelen kalt abspülen und mit Küchenpapier trockentupfen. Mit Zitronensaft beträufeln, beiseite stellen.

2. Den Holzkohlengrill anheizen. Für die Kräutersauce die Kräuter waschen und trockenschütteln, die Blättchen hacken. Die Kapern abtropfen lassen und ebenfalls hacken. Die Eigelbe auslösen (Eiweiß anderweitig verwenden).

3. Gekochtes und rohes Eigelb, Essig und Senf im Mixer glatt pürieren. Bei laufendem Gerät langsam das Olivenöl zulaufen lassen, bis eine majonäsenartige Sauce entsteht. Mit Salz und Pfeffer würzen, gehackte Kräuter und Kapern unterziehen.

4. Die Garnelen nochmals mit Küchenpapier abtupfen, leicht salzen und mit Olivenöl bestreichen. Den Grillrost ölen. Die Garnelen pro Seite bei starker Hitze ca. 2 Min. grillen (oder in der Grillpfanne garen). Mit der Kräutersauce anrichten.

⏱ Zubereitung: 30 Min.
⏱ Grillzeit: 5 Min.
Pro Portion ca.: 370 kcal

Fisch & Meeresfrüchte

Für Holzkohlengrill/Ofengrill
Für 4 Personen:
**500 g küchenfertige Kalmare mit Kopf
6 EL Olivenöl
1 Tasse Semmelbrösel
3–4 Knoblauchzehen
2 EL fein gehackte Petersilie
70 g mittelfester Pecorino (ersatzweise Bergkäse)
Salz, schwarzer Pfeffer
4 EL Zitronensaft
6 Zweige Oregano
Öl für den Rost
Zahnstocher**

Tipp

Für Erwachsene können Sie die Bröselmischung auch mit Marsala (sizilianischer Dessertwein) anfeuchten.

Gefüllte Tintenfische

1. Die Tintenfischtuben waschen und innen gut ausspülen. In kochendem Salzwasser 1 Min. überbrühen, abtropfen lassen. Die Köpfe putzen und die Beißwerkzeuge entfernen. Köpfe und Tentakeln klein hacken.

2. 2 EL Olivenöl erhitzen und die Tintenfischstückchen darin bei mittlerer Hitze kurz anbraten. Semmelbrösel zugeben und ca. 3 Min. leicht anrösten. Den Knoblauch abziehen und dazupressen. Die Bröselmischung abkühlen lassen. Den Käse raspeln und untermischen. Salzen, pfeffern und mit Zitronensaft anfeuchten.

3. Den Holzkohlengrill oder Backofengrill anheizen. Die Tintenfischtuben mit der Bröselmischung füllen (nicht zu fest stopfen). Die Öffnungen mit Zahnstochern verschließen. 4 EL Olivenöl mit Salz und Pfeffer verrühren. Den Oregano zu einem Sträußchen binden, in das Würzöl tauchen und die Tintenfische damit bepinseln.

4. Den Grillrost gut ölen. Die Tintenfische auf dem heißen Rost bei mittlerer Hitze rundum 15–20 Min. grillen, bis die Oberfläche leicht gebräunt ist. Dabei mehrmals mit etwas Würzöl bestreichen.

Zubereitung: 35 Min.
Grillzeit: 20 Min.
Pro Portion ca.: 380 kcal

Für Holzkohlengrill/Grillpfanne
Für 4 Personen:
**1 großer Oktopus (Tintenfisch, ca. 1,5 kg)
1 Lorbeerblatt
Salz, schwarzer Pfeffer
6 EL Olivenöl
3 Knoblauchzehen
70 ml Zitronensaft
1/2 TL grob gestoßener Fenchelsamen
Petersilie zum Garnieren**

Oktopus vom Grill

1. Den Oktopus waschen. In einem Topf knapp mit Wasser bedecken, das Lorbeerblatt zugeben und salzen. Bei starker Hitze aufkochen. Sobald sich Schaum bildet, die Hitze reduzieren und den Oktopus 10–15 Min. leise köcheln lassen. Den Herd abschalten und den Oktopus im Sud abkühlen lassen (ca. 4 Std.).

2. Den abgekühlten Oktopus abtropfen lassen. Die Fangarme abschneiden und nur die dicken Stücke weiterverarbeiten (Körper und Armspitzen für einen Salat verwenden). Die Fangarme mit Küchenpapier abtupfen, salzen und pfeffern.

3. Den Holzkohlengrill anheizen. Die Fangarme mit Öl bestreichen und rundum ca. 10 Min. grillen, bis sie gut gebräunt sind. Bei Bedarf erneut mit Öl bestreichen.

4. Den Knoblauch abziehen und zum restlichen Öl pressen. Zitronensaft und Fenchelsamen unterrühren, mit Salz und Pfeffer würzen.

5. Die gegrillten Oktopusstücke längs halbieren, mit etwas Zitronen-Olivenöl-Sauce beträufeln und mit Petersilie garnieren. Die restliche Sauce getrennt reichen.

Zubereitung: 30 Min.
Grillzeit: 10 Min.
Kühlzeit: 4 Std.
Pro Portion ca.: 275 kcal

Fisch & Meeresfrüchte

Für Holzkohlengrill/Grillpfanne
Für 4 Personen:
600 g festes, weißes Fischfilet (z. B. Seelachs, Rotbarsch)
3 EL Zitronensaft
4 EL Erdnussöl
1 Knoblauchzehe
1 frische rote Chili
200 g Kirschtomaten
2 harte, fast grüne Bananen
Salz, weißer Pfeffer
Zitronenviertel zum Servieren
Außerdem:
Metallspieße
Öl für Spieße und Rost

Tipp

Die Kirschtomaten mehrmals mit einer Nadel anstechen, damit sie nicht platzen. Wenn Sie kein festfleischiges Fischfilet bekommen, grillen Sie die Spieße auf Alufolie.

Pikant-würzige Fischspieße

1. Das Fischfilet mit Küchenpapier abtupfen und in 3 cm große Stücke schneiden. Mit Zitronensaft und Öl beträufeln. Den Knoblauch abziehen und dazupressen. Chilischote längs aufschlitzen, unter fließendem Wasser entkernen und putzen. Die Schote sehr fein würfeln und zum Fisch geben. Alles vorsichtig vermischen und zugedeckt ca. 1 Std. im Kühlschrank marinieren.

2. Den Holzkohlengrill oder Backofengrill anheizen. Die Kirschtomaten waschen. Die Bananen schälen und in 1 cm dicke Scheiben schneiden. Metallspieße ölen. Die Fischwürfel aus der Marinade heben und abwechselnd mit Kirschtomaten und Bananen auf die Spieße stecken. Die Marinade beiseite stellen.

3. Den Grillrost gut ölen. Die Fischspieße auf dem heißen Rost bei mittlerer Hitze ca. 10 Min. grillen. Dabei gelegentlich wenden und mit Marinade bestreichen. Zuletzt salzen und pfeffern. Mit Zitronenvierteln garniert servieren.

⏱ Zubereitung: 20 Min.
⏱ Grillzeit: 10 Min.
⏱ Marinierzeit: 1 Std.
Pro Portion ca.: 265 kcal

Für den Holzkohlengrill
Für 4 Personen:
4 Forellen à 300 g
Salz, weißer Pfeffer
3–4 EL Walnussöl
je 1/4 TL getrockneter Rosmarin, Oregano und Thymian
100 ml weißer Traubensaft
1 EL Zitronensaft
1 EL Weißweinessig
Alufolie

Forellen aus der Folie

1. Den Holzkohlengrill anheizen. Die Forellen innen und außen kalt abspülen und mit Küchenpapier trockentupfen. Auf jeder Seite mehrmals schräg einschneiden, salzen und pfeffern.

2. Alufolie in 4 große Stücke reißen und auf der glänzenden Seite mit etwas Walnussöl bestreichen. Die Fische darauf legen und mit Kräutern bestreuen. Das restliche Öl darüber träufeln und die Folien dicht verschließen.

3. Trauben- und Zitronensaft, Essig, Salz und Pfeffer verrühren. Die Forellen auf dem heißen Grillrost bei mittlerer bis starker Hitze pro Seite 10–12 Min. grillen.

4. Die Folienpäckchen auf vier Teller setzen und öffnen. Die Fische mit dem gewürzten Traubensaft beträufeln und sofort servieren.

Tipp

Spielt das Wetter nicht mit, garen Sie die Folienforellen auf einem Backblech 30–35 Min. im Backofen bei 225° (Umluft 200°).

⏱ Zubereitung: 25 Min.
⏱ Grillzeit: 25 Min.
Pro Portion ca.: 250 kcal

Fisch & Meeresfrüchte

Für Holzkohlengrill/Ofengrill
Für 4 Personen:
2 große Brassen (Doraden, Dorade rosé) à 550 g
Salz, schwarzer Pfeffer
3 EL Olivenöl
4 Knoblauchzehen
Zitronenviertel zum Servieren
Öl für den Rost

Tipp

Auf diese Weise lassen sich größere »Zwei-Portionen-Fische« (z. B. kleine Rotbarsche) gut grillen. Sie garen gleichmäßig und müssen zum Servieren nicht zerlegt werden.

Brassenhälften mit Knoblauch

1. Den Holzkohlengrill oder Backofengrill anheizen. Die Brassen mit einem Sägemesser längs durch die Mittelgräte halbieren. Die Hälften kalt abspülen und mit Küchenpapier trockentupfen. Rundum salzen, pfeffern und mit 1 EL Olivenöl bestreichen.

2. Den Knoblauch abziehen und in dünne Scheiben schneiden. 2 EL Olivenöl erhitzen und die Knoblauchscheiben darin bei mittlerer Hitze ca. 5 Min. hellbraun braten.

3. Den Grillrost gut ölen. Die Brassenhälften auf dem heißen Rost bei mittlerer Hitze zuerst auf der Hautseite ca. 7 Min. knusprig grillen. Dann wenden und 2–3 Min. weitergaren. Währenddessen am Rand des Grills das Knoblauchöl erwärmen.

4. Die Fischhälften mit dem Knoblauchöl übergießen und mit Zitronenvierteln garniert servieren.

Zubereitung: 15 Min.
Grillzeit: 10 Min.
Pro Portion ca.: 275 kcal

Für Holzkohlengrill/Ofengrill
Für 4 Personen:
4 Goldbrassen (Doraden) à 300 g
2 unbehandelte Zitronen
Salz, schwarzer Pfeffer
8 dünne grüne Peperoni (z. B. Carliston, Sivri)
2 grüne Paprikaschoten
4 feste Tomaten
2 weiße Zwiebeln
8 EL Olivenöl
Öl für den Rost

Tipp

Statt der Peperoni können Sie auch milde gelbe oder rote Spitzpaprika grillen.

Brassen mit Zitronen

1. Die Brassen kalt abspülen und mit Küchenpapier trockentupfen. Die Haut auf beiden Seiten mehrmals schräg einschneiden.

2. Die Zitronen waschen. 1/2 Zitrone in Scheiben schneiden. Diese nochmals halbieren und in die Einschnitte der Fische stecken. Die übrigen Zitronen auspressen. Die Fische innen mit wenig Zitronensaft beträufeln, salzen und pfeffern. Zugedeckt bis zum Grillen kühl stellen.

3. Den Holzkohlengrill oder Backofengrill anheizen. Die Gemüse waschen. Die Paprika putzen und klein würfeln. Den Stielansatz der Tomaten entfernen, die Tomaten in kleine Würfel schneiden. Die Zwiebeln abziehen und grob hacken. Gemüsewürfel, restlichen Zitronensaft, Salz, Pfeffer und 2 EL Olivenöl mischen.

4. Die Fische nochmals abtupfen und mit 2 EL Olivenöl bestreichen. Den Grillrost gut ölen. Die Brassen auf dem heißen Rost bei mittlerer bis starker Hitze pro Seite 5–7 Min. knusprig-braun grillen. Dabei gelegentlich mit Öl bepinseln.

5. Die Peperoni mit Öl bestreichen und am Rand des Rosts braun grillen. Die Brassen salzen, pfeffern und mit dem restlichem Olivenöl beträufeln. Mit Peperoni und Salat servieren.

Zubereitung: 35 Min.
Grillzeit: 15 Min.
Pro Portion ca.: 510 kcal

Fisch & Meeresfrüchte

Für Holzkohlengrill/Grillpfanne
Für 4 Personen:
12–16 eingelegte Weinblätter (aus dem Glas)
4 Fische à 300 g (z. B. Rotbarben, Forellen, Makrelen)
100 ml Zitronensaft
100 ml Olivenöl
Salz, schwarzer Pfeffer
1/2 TL gemahlener Koriander
Prise Cayennepfeffer
je 4 Zweige Petersilie, Thymian und Rosmarin
Außerdem:
4 Bastfäden (Gärtnerei oder Bastelgeschäft)
Öl zum Bestreichen und für den Rost

Fische in Weinblättern

1. Die Bastfäden in Wasser einweichen. Die Weinblätter abspülen und zum Entsalzen 15 Min. in heißes Wasser legen. Die Fische innen und außen kalt abspülen und mit Küchenpapier trockentupfen.

2. Zitronensaft, Olivenöl, Salz, Pfeffer, Koriander und Cayennepfeffer verquirlen. Die Fische innen und außen mit etwas Zitronensauce bestreichen, innen salzen. Die Kräuterzweige waschen, trockenschütteln und in die Bauchhöhlen stecken.

3. Den Holzkohlengrill anheizen. Die Weinblätter abtropfen lassen. Jeden Fisch in 3–4 Weinblätter wickeln und mit einem Bastfaden zusammenbinden. Die Päckchen außen mit Öl bestreichen.

4. Den Grillrost gut ölen. Die Fische auf dem heißen Rost bei mittlerer Hitze pro Seite 8–10 Min. grillen (oder in der Grillpfanne garen). In den Weinblättern servieren. Die Zitronensauce getrennt dazu reichen.

⏲ Zubereitung: 30 Min.
⏲ Grillzeit: 20 Min.
Pro Portion ca.: 380 kcal

Für Holzkohlengrill/Grillpfanne
Für 4 Personen:
4 Lachsfilets à 175 g
Salz, weißer Pfeffer
1 unbehandelte Zitrone
2 TL Kapern
100 g weiche Butter
2 EL Olivenöl
Öl für den Rost
Alufolie

Tipp
Auf diese Art können Sie auch Lachs- oder andere Fischkoteletts (z. B. Heilbutt, Seehecht) grillen.

Lachs mit Zitronen-Kapern-Butter

1. Die Lachsfilets mit Küchenpapier abtupfen, leicht salzen und pfeffern. Die Zitrone waschen und trocknen. Ca. 2 TL Schale abreiben, die Frucht auspressen. Den Lachs mit etwas Zitronensaft beträufeln und zugedeckt bis zum Grillen kühl stellen.

2. Für die Zitronen-Kapern-Butter die Kapern fein hacken. Butter, Zitronenschale, Kapern, einige Tropfen Zitronensaft und eine Prise Salz vermischen. Zu einer Rolle formen, in Alufolie wickeln und ca. 30 Min. ins Gefrierfach legen.

3. Den Holzkohlengrill anheizen. Die Zitronen-Kapern-Butter in Scheiben schneiden. Die Lachsfilets mit Küchenpapier abtupfen und mit Olivenöl bestreichen.

4. Den Grillrost gut ölen. Den Fisch auf dem heißen Rost (oder in der Grillpfanne) bei mittlerer bis starker Hitze pro Seite 2–3 Min. grillen. Vorsichtig wenden, damit die Filets nicht zerfallen. Den Lachs mit Butterscheiben belegen und sofort servieren.

⏲ Zubereitung: 25 Min.
⏲ Grillzeit: 6 Min.
⏲ Kühlzeit: 30 Min.
Pro Portion ca.: 590 kcal

Fisch & Meeresfrüchte

Gegrillte Makrelen mit Kräutern

Für Holzkohlengrill/Ofengrill
Für 4 Personen:
- 4 Makrelen à 300 g
- Salz, schwarzer Pfeffer

Für die Marinade:
- 6 Knoblauchzehen
- 1 TL getrockneter Rosmarin
- 1 TL getrockneter Thymian
- 6 EL Olivenöl
- 4 EL Zitronensaft

Außerdem:
- Öl für den Rost

Tipp

Makrelen haben recht fettes Fleisch, sie eignen sich deshalb besonders gut zum Grillen. Allerdings müssen sie ganz frisch sein. Man erkennt dies deutlich an der glänzenden Haut und den klaren, nicht eingefallenen Augen.

1. Die Makrelen kalt abspülen und mit Küchenpapier trockentupfen. Die Fische auf beiden Seiten im Abstand von 3 cm bis auf die Gräten einschneiden. Innen leicht salzen und pfeffern.

2. Für die Marinade den Knoblauch abziehen und durchpressen. Kräuter zwischen den Fingern darüber verreiben. Olivenöl und Zitronensaft unterrühren. Die Makrelen innen und außen mit der Hälfte der Marinade bepinseln. Bei Zimmertemperatur ca. 30 Min. marinieren, dabei mehrmals wenden.

3. Den Holzkohlengrill oder Backofengrill anheizen. Die Makrelen aus der Marinade heben, abtropfen lassen. Die Marinade auffangen. Den Grillrost gut ölen. Die Fische auf dem heißen Rost bei mittlerer Hitze pro Seite 8–10 Min. grillen. Dabei mehrmals mit Marinade bepinseln. Die gegrillten Makrelen mit Marinade beträufeln und sofort servieren.

Zubereitung: 20 Min.
Grillzeit: 20 Min.
Marinierzeit: 30 Min.
Pro Portion ca.: 480 kcal

Schwertfisch-Spieße

Für Holzkohlengrill/Ofengrill
Für 4 Personen:
- 750 g Schwertfischfilet (frisch oder tiefgekühlt, ersatzweise Tunfischfilet)
- 8 Lorbeerblätter
- 4 Carliston-Peperoni (ersatzweise Spitzpaprika)
- 1 unbehandelte Zitrone
- Zitronenviertel zum Servieren

Für die Marinade:
- 1 Zwiebel
- 2 Knoblauchzehen
- 2 EL Zitronensaft
- 3 EL Olivenöl
- Salz, schwarzer Pfeffer

Außerdem:
- 4 Metallspieße
- Öl für Spieße und Rost

1. Das Fischfilet eventuell auftauen lassen. Kalt abspülen, mit Küchenpapier trockentupfen und in 2–3 cm große Würfel schneiden.

2. Für die Marinade Zwiebel und Knoblauch abziehen. Grob zerkleinern und mit dem Pürierstab oder Mixer fein pürieren. Püree, Zitronensaft, Olivenöl, Salz und Pfeffer verrühren. Eine Schale mit Lorbeerblättern auslegen, die Fischwürfel darauf verteilen und mit Marinade beträufeln. Zugedeckt im Kühlschrank 2–3 Std. marinieren.

3. Den Holzkohlengrill oder Backofengrill anheizen. Die Peperoni waschen und in 3 cm lange Stücke schneiden. Die Zitrone waschen und in Scheiben schneiden, diese nochmals vierteln.

4. Die Fischwürfel aus der Marinade heben. Metallspieße ölen. Abwechselnd Fischwürfel, Peperoni, Lorbeerblätter und Zitronenscheiben aufstecken.

5. Den Grillrost ölen. Die Spieße auf dem heißen Rost bei mittlerer Hitze pro Seite 5–7 Min. grillen. Dabei mit Marinade bepinseln. Mit Zitronenvierteln garniert servieren.

Zubereitung: 30 Min.
Grillzeit: 15 Min.
Marinierzeit: 3 Std.
Pro Portion ca.: 545 kcal

Fisch & Meeresfrüchte

Karibische Grillplatte mit Salsa Criolla

Für den Holzkohlengrill
Für 4 Personen:
4 mittelgroße Tintenfische (Kalmare)
500 g Miesmuscheln (tiefgekühlt)
8 Riesengarnelen (möglichst ungeschält)
4 Lachsfilets à 150 g
Für die Marinade:
1 Bund Frühlingszwiebeln
2 Knoblauchzehen
2 TL scharfer Senf
2 EL Zitronensaft
4 EL Olivenöl
Cayennepfeffer
Salz, schwarzer Pfeffer
Für die Salsa Criolla:
750 g Tomaten
1 große Gemüsezwiebel
2 Knoblauchzehen
1 EL Schweineschmalz (ersatzweise Butterschmalz)
2 EL gehackte Petersilie
Außerdem:
Öl für den Rost und zum Bestreichen

1. Die Tintenfische waschen, in kochendem Salzwasser 1 Min. überbrühen und abtropfen lassen. Die Miesmuscheln auftauen lassen.

2. Die Riesengarnelen mit einem stabilen Messer längs durch den Rücken halbieren und den dunklen Darm mit der Messerspitze entfernen. Garnelenhälften kalt abspülen und mit Küchenpapier trockentupfen. Das Lachsfilet ebenfalls abtupfen.

3. Für die Marinade die Frühlingszwiebeln putzen und waschen. Die weißen Abschnitte sehr fein hacken (grüne für einen Salat verwenden). Den Knoblauch abziehen und durchpressen. Frühlingszwiebeln, Knoblauch, Senf, Zitronensaft und Olivenöl verrühren. Mit Cayennepfeffer, Salz und Pfeffer pikant abschmecken.

4. Tintenfische, Garnelen und Lachs mit der Marinade bestreichen. Die obere Schalenhälfte der Muscheln eventuell entfernen, das Muschelfleisch mit etwas Marinade beträufeln. Alles zugedeckt in den Kühlschrank stellen.

5. Für die Salsa Criolla die Stielansätze der Tomaten entfernen. Die Tomaten kurz überbrühen, häuten und grob zerkleinern. Zwiebel und Knoblauch abziehen und hacken. Das Schmalz zerlassen und die Zwiebelwürfel darin bei mittlerer Hitze ca. 7 Min. goldgelb dünsten. Knoblauch und Tomaten zufügen und weiterschmoren, bis die Mischung andickt. Ca. 75 ml Wasser angießen, mit Salz, Pfeffer und Cayennepfeffer pikant abschmecken. Zugedeckt 15–20 Min. weitergaren. Die Petersilie unterrühren und abkühlen lassen.

6. Den Holzkohlengrill anheizen. Meeresfrüchte und Lachs aus der Marinade heben. Die Marinade auffangen.

7. Den Grillrost gut ölen. Die Tintenfische auf dem heißen Rost bei mittlerer bis starker Hitze pro Seite 6–8 Min. braun grillen. Lachsfilets und Riesengarnelen pro Seite ca. 3 Min. rösten. Die Muscheln mit der Öffnung nach oben ca. 5 Min. erhitzen. Meeresfrüchte und Lachs während des Grillens mit Marinade, wenn sie aufgebraucht ist mit Öl bestreichen.

8. Meeresfrüchte und Lachs anrichten, die Salsa Criolla getrennt dazu reichen.

Tipp

Für diesen gemischten Fischgrill eignen sich alle festfleischigen Fischfilets (z. B. Viktoriabarsch, Catfish, Seeteufel) und alle Meeresfrüchte. Frische Muscheln werden gut gewaschen und einfach roh auf den heißen Grill gelegt, bis sie sich öffnen. Falls das Grillen ins Wasser fällt, garen Sie Fisch und Meeresfrüchte unter dem mittelheißen Ofengrill.

Zubereitung: 1 Std.
Grillzeit: 15 Min.
Pro Portion ca.: 600 kcal

Gemüse & Kartoffeln

Fleischlos glücklich

Viel zu selten landen Gemüse, Pilze und andere Früchte aus Garten und Feld auf dem Grillrost. Oftmals haftet ihnen der Ruf an, langweilig zu schmecken. Doch mit der richtigen Marinade, mit ausreichend Geduld beim Rösten und den passenden Beigaben haben sie sogar schon eingeschworene Fleischgriller verlocken können. Auf jeden Fall bereichern sie jedes Grillfest, denn gegrillte Gemüse werden auch als Beilagen sehr geschätzt. Planen Sie möglichst viele verschiedene fleischlose Grillgerichte ein, so wird mit Sicherheit niemandem langweilig.

Gegrillter Radicchio

Für Holzkohlengrill/Grillpfanne
Für 4 Personen:
4 mittelgroße Köpfe Radicchio (Treviso, ca. 600 g)
Salz, schwarzer Pfeffer
4 EL Olivenöl
2 EL Aceto Balsamico
Öl für den Rost

1. Den Radicchio waschen, putzen und gut trockenschütteln. Längs halbieren, mit Salz und Pfeffer bestreuen und mit Olivenöl beträufeln. Die Blätter vorsichtig umwenden, bis sie gleichmäßig mit Öl überzogen sind.

2. Den Holzkohlengrill anheizen. Den Radicchio nochmals im Öl wenden. Dann herausnehmen, abtropfen lassen und das Öl auffangen.

3. Den Grillrost leicht ölen. Den Radicchio auf dem heißen Rost bei mittlerer Hitze ca. 15 Min. braten. Dabei mehrmals wenden und mit dem abgetropften Öl bestreichen. Die knusprig-gebräunten Blätter anrichten und mit Aceto Balsamico beträufeln.

◷ Zubereitung: 10 Min.
◷ Grillzeit: 15 Min.   Pro Portion ca.: 115 kcal

Austernpilze mit Zitronenöl

Für Holzkohlengrill/Grillpfanne
Für 4 Personen:
800 g Austernpilze
3 Knoblauchzehen
4 EL Olivenöl
2 EL Zitronensaft
Salz, schwarzer Pfeffer
5–6 frische Oreganozweige
Öl für den Rost

1. Den Holzkohlengrill anheizen. Die Austernpilze trocken mit einem Pinsel säubern, die Stielenden abschneiden.

2. Den Knoblauch abziehen und zum Olivenöl pressen. Den Zitronensaft unterquirlen und mit Salz und Pfeffer kräftig würzen. Die Oreganozweige zu einem Sträußchen binden und in das Würzöl stellen.

3. Den Grillrost leicht ölen. Mit dem Sträußchen etwas Würzöl auf die Pilze streichen. Die Pilze auf dem heißen Rost bei starker Hitze pro Seite ca. 5 Min. braun grillen. Dabei gelegentlich mit Würzöl bestreichen.

◷ Zubereitung: 20 Min.
◷ Grillzeit: 10 Min.   Pro Portion ca.: 160 kcal

Maiskolben mit Chili-Honig-Butter

Für Holzkohlengrill/Grillpfanne
Für 4 Personen:
1 frische rote Chili
125 g weiche Butter
2 EL Honig
Salz
8 Maiskolben (Zuckermais)
Öl für den Rost und zum Bestreichen
Alufolie

1. Die Chilischote putzen und fein würfeln. Chili, Butter, Honig und Salz vermischen. Zu einer Rolle formen, in Alufolie wickeln und 2–3 Std. kühlen.

2. Die Maiskolben in Salzwasser 30–45 Min. kochen. Dabei gelegentlich wenden. Abtropfen lassen.

3. Den Holzkohlengrill anheizen. Den Grillrost leicht ölen. Den Mais mit etwas Öl bestreichen und auf dem heißen Rost (oder in der Grillpfanne) bei mittlerer bis starker Hitze 10 Min. grillen. Dabei öfter drehen. Die Chili-Honig-Butter in Scheiben schneiden und auf den Maiskolben schmelzen lassen.

Zubereitung: 55 Min.	Kühlzeit: 3 Std.
Grillzeit: 10 Min.	Pro Portion ca.: 500 kcal

Marinierte Paprikaschoten

Für den Holzkohlengrill
Für 4 Personen:
8 große rote Spitzpaprika (ca. 800 g)
Salz, grober schwarzer Pfeffer
4 Knoblauchzehen
4 EL Zitronensaft
6 EL Olivenöl extra nativ
Öl für den Rost

1. Den Holzkohlengrill anheizen. Die Paprikaschoten waschen und den Strunk herausschneiden. Kerne und Trennwände herausziehen.

2. Den Grillrost leicht ölen. Die Schoten auf dem heißen Rost bei starker Hitze in ca. 15 Min. rundum dunkel bräunen. Die Paprika noch warm häuten und mit Salz und Pfeffer würzen.

3. Den Knoblauch abziehen und in feine Scheiben schneiden. Das Gemüse mit Knoblauch bestreuen, mit Zitronensaft und Olivenöl beträufeln. Vor dem Servieren etwas durchziehen lassen.

Zubereitung: 30 Min.	
Grillzeit: 15 Min.	Pro Portion ca.: 175 kcal

Gemüse & Kartoffeln

Für Holzkohlengrill/Grillpfanne
Für 4 Personen:
4 Bund Frühlingszwiebeln (ca. 500 g)
Salz, schwarzer Pfeffer
4 EL Olivenöl
Für die Olivensauce:
2 Lorbeerblätter
1 TL grobes Meersalz
70 g schwarze Oliven ohne Stein
6 EL Zitronensaft
100 ml Olivenöl extra nativ
Prise Cayennepfeffer
Außerdem:
Öl für den Rost

Tipp

In Italien verwendet man für dieses Gericht frische junge Zwiebeln mit Grün. Sie werden geputzt, längs halbiert und wie angegeben gegrillt.

Frühlingszwiebeln vom Grill

1. Die Frühlingszwiebeln waschen und putzen. Den grünen Teil auf ca. 5 cm einkürzen. Die Zwiebeln mit Salz und Pfeffer bestreuen und mit Olivenöl beträufeln. Im Öl wenden, bei Zimmertemperatur bis zum Grillen marinieren.

2. Den Holzkohlengrill anheizen. Für die Olivensauce Lorbeer und Meersalz im Mörser fein zerreiben. Die Oliven grob zerkleinern, zugeben und alles zu einer glatten Paste zerstampfen. Die Paste mit Zitronensaft und Olivenöl verrühren. Mit Cayennepfeffer pikant abschmecken.

3. Den Grillrost leicht ölen. Die Frühlingszwiebeln nochmals im Öl wenden. Auf dem heißen Rost (oder in der Grillpfanne) bei mittlerer Hitze ca. 15 Min. grillen, bis sie leicht gebräunt sind. Dabei öfter wenden. Zum Servieren mit Olivensauce übergießen.

⏱ Zubereitung: 30 Min.	
⏱ Grillzeit: 15 Min.	Pro Portion ca.: 290 kcal

Für Holzkohlengrill/Grillpfanne
Für 4 Personen:
Für die Knoblauchsauce Allioli:
4–6 Knoblauchzehen
2 frische Eigelbe
Salz, Pfeffer
200 ml Olivenöl
1 TL Zitronensaft
Für das Grillgemüse:
12 milde Peperoni (z. B. grüne Spitzpaprika, Carliston, Sivri)
16 große Champignons
8 Austernpilze
8 kleine feste Tomaten
4 EL Olivenöl
Außerdem:
Öl für den Rost

Buntes Grillgemüse mit Allioli

1. Für die Allioli den Knoblauch abziehen und in eine Rührschüssel pressen. Eigelbe, Salz und Pfeffer gründlich unterrühren. Das Olivenöl mit dem Schneebesen zuerst tropfenweise, dann in einem dünnen Strahl unterschlagen. Wenn die Sauce dick-cremig ist, den Zitronensaft untermischen und abschmecken. Die Knoblauchsauce zugedeckt kühl stellen.

2. Den Holzkohlengrill anheizen. Die Gemüse waschen. Stiele der Peperoni einkürzen. Die Pilze trocken mit einem Pinsel säubern, die Stielenden abschneiden. Die Tomaten waschen, mit Küchenpapier trockentupfen und halbieren. Die Gemüse mit Salz und Pfeffer würzen und rundum mit Olivenöl bestreichen.

3. Den Grillrost leicht ölen. Die Gemüse auf dem heißen Rost (oder in der Grillpfanne) bei mittlerer bis starker Hitze in 10–15 Min. rundum schön braun grillen. Auf einer Platte anrichten und mit Knoblauchsauce servieren.

⏱ Zubereitung: 30 Min.	
⏱ Grillzeit: 15 Min.	Pro Portion ca.: 465 kcal

Gemüse & Kartoffeln

Für den Holzkohlengrill
Für 4 Personen:
2 große Auberginen à 500 g
Salz, schwarzer Pfeffer
2 TL Zitronensaft
2 Knoblauchzehen
6 EL Olivenöl
1 TL frische Thymianblättchen
Alufolie

Tipp

Auberginen vom Grill schmecken nur, wenn sie kräftig gewürzt und ziemlich dunkel geröstet werden.

Marinierte Auberginen

1. Die Auberginen waschen und putzen. Längs halbieren und das Fruchtfleisch mit einem scharfen Messer kreuzweise einritzen. Dabei die Schale nicht verletzen. Die Schnittflächen kräftig salzen, pfeffern und mit Zitronensaft beträufeln.

2. Den Knoblauch abziehen und zum Olivenöl pressen. Thymianblättchen sowie etwas Salz und Pfeffer zugeben und verrühren. Alufolie in 4 Stücke (30 x 30 cm) reißen und auf der glänzenden Seite mit Würzöl bestreichen.

3. Die Schnittflächen der Auberginen mit Würzöl bepinseln, bis sie kein weiteres Öl mehr aufnehmen. Die Schalen dabei etwas aufbiegen, damit das Öl in die Einschnitte fließen kann. Die Hälften fest in die Folie wickeln und bei Zimmertemperatur 2–3 Std. marinieren.

4. Den Holzkohlengrill anheizen. Die Auberginen in der Folie mit den Schnittflächen nach unten auf den heißen Rost legen und bei starker Hitze ca. 10 Min. grillen. Dann auswickeln und mit der Schnittfläche nach oben weitere 10–15 Min. grillen, bis das Fruchtfleisch schön weich ist.

⏱ Zubereitung: 20 Min.	⏱ Marinierzeit: 2 Std.
⏱ Grillzeit: 25 Min.	Pro Portion ca.: 175 kcal

Für Holzkohlengrill/Grillpfanne
Für 4 Personen:
800 g kleine Auberginen
1 kg große rote Paprikaschoten
300 g Grillzwiebeln
Für die Tomatensauce:
750 g reife Tomaten
2 Frühlingszwiebeln
4 EL Zitronensaft
6 EL Olivenöl extra nativ
1 TL getrockneter Oregano
Salz, schwarzer Pfeffer
2 Knoblauchzehen
Außerdem:
Holzspieße
Olivenöl für den Rost und zum Bestreichen

Tipp

Sättigender wird das Gemüse, wenn Sie es noch mit hart gekochten, halbierten Eiern garnieren.

Gemischtes Grillgemüse

1. Für die Tomatensauce die Stielansätze der Tomaten entfernen. Die Tomaten kurz überbrühen, häuten und entkernen. Das Fruchtfleisch fein würfeln und abtropfen lassen. Die Frühlingszwiebeln waschen, putzen und fein hacken. Zitronensaft, Olivenöl, Oregano, Salz und Pfeffer zu einer cremigen Sauce verquirlen. Den Knoblauch abziehen und dazupressen. Tomatenwürfel und gehackte Frühlingszwiebeln untermischen. Bis zum Servieren zugedeckt bei Zimmertemperatur ziehen lassen.

2. Den Holzkohlengrill anheizen. Die Auberginen waschen und längs in knapp 1 cm dicke Scheiben schneiden. Salzen und etwas Saft ziehen lassen. Die Paprika waschen, halbieren und putzen. Längs in breite Streifen schneiden. Holzspieße wässern. Die Grillzwiebeln abziehen und flach auf die Spieße stecken. Salzen, pfeffern und mit Öl bestreichen.

3. Auberginen mit Küchenpapier abtupfen und dick mit Öl bepinseln. Paprika salzen, pfeffern und mit Öl bestreichen. Den Grillrost leicht ölen. Das Gemüse auf dem heißen Rost (oder in der Grillpfanne) bei mittlerer Hitze 15–25 Min. gut bräunen. Dabei gelegentlich wenden und mit Öl bestreichen. Die Sauce getrennt reichen.

⏱ Zubereitung: 45 Min.	
⏱ Grillzeit: 25 Min.	Pro Portion ca.: 240 kcal

Gemüse & Kartoffeln

Für Holzkohlengrill/Grillpfanne
Für 4 Personen:
500 g gleich große, leicht geöffnete Champignons
200 g Feta-Käse
1 EL getrockneter Oregano
1 Bund Lauchzwiebeln
2 rote Paprikaschoten (ersatzweise gelbe)
6 EL Olivenöl
1 EL Zitronensaft
2 TL Honig
Salz, schwarzer Pfeffer
Zitronenviertel zum Garnieren
Für den Knoblauchjoghurt:
2 Knoblauchzehen
350 g Bulgara-Joghurt
1 EL Olivenöl
2 EL fein gehackte Petersilie
Außerdem:
Holzspieße
Öl für den Rost

Tipp

Achten Sie beim Einkaufen darauf, dass die Champignonköpfe schon leicht geöffnet und möglichst gleich groß sind, damit sie sich gut füllen lassen. Statt der Lauchzwiebeln können Sie auch kleine Grillzwiebeln verwenden. Sie sind ebenfalls in 15 Min. gar.

Champignon-Feta-Spieße

1. Holzspieße wässern. Die Champignons trocken mit Küchenpapier oder einem Pinsel säubern. Die Stiele drehend ausbrechen, Stielenden abschneiden. Pilzköpfe und -stiele beiseite legen. Den Feta kalt abspülen, mit Küchenpapier trockentupfen und in ca. 2 cm große Würfel schneiden. Im Oregano wenden.

2. Die Lauchzwiebeln waschen und putzen. Die weißen und hellgrünen Abschnitte in ca. 3 cm lange Stücke schneiden. Die Paprikaschoten waschen, halbieren, putzen und in 3 cm große Stücke teilen.

3. Den Holzkohlengrill anheizen. Olivenöl, Zitronensaft und Honig verrühren. Kräftig salzen und pfeffern.

4. Für den Knoblauchjoghurt den Knoblauch abziehen und zum Joghurt pressen. Joghurt, Olivenöl, Petersilie und etwas Wasser zu einer glatten, halbflüssige Sauce verrühren. Mit Salz und Pfeffer abschmecken, kalt stellen.

5. Die Holzspieße aus dem Wasser nehmen und mit etwas Würzöl bestreichen. Je 2 Champignonköpfe mit der Öffnung gegeneinander um ein Stück Feta setzen. Gefüllte Champignons abwechselnd mit Lauchzwiebeln, Pilzstielen und Paprikastücken auf die Holzspieße stecken.

6. Die Spieße senkrecht in das Würzöl stellen und rundum damit bepinseln. Den Grillrost leicht ölen. Die Spieße auf dem heißen Rost (oder in der Grillpfanne) bei mittlerer Hitze ca. 15 Min. rundum grillen, bis die Paprikastücke am Rand gut gebräunt sind. Mit Zitronenvierteln garnieren und Knoblauchjoghurt servieren.

Variante

Statt der Champignons kleine Strauchtomaten halbieren und mit einem Kugelausstecher aushöhlen. Mit Käsewürfeln füllen und wieder zusammensetzen. Wer's scharf mag, reiht noch scharfe grüne Chilistücke mit auf die Spieße.

Zubereitung: 45 Min.
Grillzeit: 15 Min.
Pro Portion ca.: 440 kcal

Gemüse & Kartoffeln

Für Holzkohlengrill/Ofengrill
Für 4 Personen:
2 Auberginen (ca. 750 g)
2 Zucchini (ca. 500 g)
2 große Gemüsezwiebeln
Salz, schwarzer Pfeffer
Für die Zitronensauce:
1/2 TL Pfefferkörner
1/2 TL Pimentkörner
1/2 TL Korianderkörner
1/2 TL getrockneter Thymian
1/2 TL getrockneter Oregano
75 ml Zitronensaft
100 ml Olivenöl
Außerdem:
Metallspieße
Öl für Spieße und Rost

Auberginen-Zucchini-Spieße

1. Für die Zitronensauce Gewürze, Kräuter und eine Prise Salz im Mörser zerstoßen. Zitronensaft und Olivenöl unterquirlen. Die Zitronensauce mit Salz abschmecken.

2. Den Holzkohlengrill oder Backofengrill anheizen. Auberginen und Zucchini waschen, putzen und längs vierteln. Die Viertel in 2 cm dicke Scheiben schneiden. Die Zwiebeln abziehen, achteln und aufblättern.

3. Metallspieße ölen. Abwechselnd Auberginen-, Zucchini- und Zwiebelstücke aufstecken. Das Gemüse salzen, pfeffern und mit etwas Zitronensauce bestreichen.

4. Den Grillrost ölen. Die Spieße auf dem heißen Rost bei mittlerer Hitze ca. 20 Min. grillen, bis das Gemüse rundum gut gebräunt ist. Dabei gelegentlich wenden und leicht mit Sauce bestreichen. Die gegrillten Spieße mit Zitronensauce übergießen und servieren.

Zubereitung: 45 Min.
Grillzeit: 20 Min.
Pro Portion ca.: 250 kcal

Für Holzkohlengrill/Ofengrill
Für 4 Personen:
3 große rote Paprikaschoten (ca. 750 g)
250 g Champignons
1 Bund Lauchzwiebeln
1 Zucchino (ca. 250 g)
1 Aubergine (ca. 350 g)
150 g Hartkäse (z. B. Bergkäse, Emmentaler)
Salz, Pfeffer
Für den Schnittlauchjoghurt:
200 g Bulgara-Joghurt
200 g Sahnejoghurt
1 unbehandelte Zitrone
1 Bund Schnittlauch
Außerdem:
Alufolie
Holzspieße
Öl für Folie und Rost

Paprika-Gemüse-Spieße

1. Den Backofen mit Grill auf höchster Stufe vorheizen. Die Paprikaschoten waschen, längs halbieren und putzen. Einen Bogen Alufolie ölen. Paprika darauf legen und im Ofen (oben) ca. 10 Min. fast schwarz rösten. Nach 7 Min. die Farbe prüfen. Die Schoten abkühlen lassen, häuten und längs in 3 cm breite Streifen schneiden.

2. Die Champignons trocken säubern und putzen. Gemüse waschen und putzen. Lauchzwiebeln in ca. 3 cm lange Stücke, Zucchino und Aubergine in 1 cm dicke Scheiben schneiden. Auberginenscheiben nochmals vierteln. Den Käse in dünne, 2 cm lange Stifte schneiden und in die Paprikastreifen wickeln. Den Holzkohlengrill oder Backofengrill anheizen.

3. Für den Schnittlauchjoghurt den Joghurt mischen. Die Zitrone abreiben und auspressen. Den Joghurt mit etwas Zitronenschale und -saft sowie Salz und Pfeffer würzen. Den Schnittlauch waschen, trockenschütteln und in feine Röllchen schneiden, unter den Joghurt ziehen.

4. Holzspieße wässern. Abwechselnd Paprikaröllchen, Gemüsestücke und Champignons aufstecken. Salzen, pfeffern und mit Öl bestreichen. Den Grillrost ölen. Die Spieße auf dem heißen Rost ca. 15 Min. grillen, bis das Gemüse gut gebräunt ist. Mit Schnittlauchjoghurt servieren.

Zubereitung: 45 Min.
Grillzeit: 15 Min.
Pro Portion ca.: 340 kcal

Gemüse & Kartoffeln

Für den Holzkohlengrill
Für 4 Personen:
500 g fester Käse (z. B. Bergkäse, Raclettekäse, Emmentaler)
8 Scheiben altbackenes Toastbrot
10 Cornichons
frisch gemahlener schwarzer Pfeffer
Kirschwasser (wer mag)
300 g Mixed Pickles zum Servieren
Außerdem:
Holzspieße

Käsefondue am Spieß

1. Den Holzkohlengrill anheizen. Käse und Toastbrot entrinden, beides in 2–3 cm große Würfel schneiden. Die Cornichons quer halbieren.

2. Holzspieße wässern. Auf jeden Spieß abwechselnd 1 Stück Cornichon, 2 Stück Käse und Brot spießen.

3. Die Spieße über die heiße Grillglut halten und drehen, bis der Käse zu schmelzen beginnt. Sofort auf einen Teller abstreifen und mit Pfeffer bestreuen. Für Erwachsene nach Wunsch noch mit etwas Kirschwasser beträufeln. Mit Mixed Pickles servieren.

Tipp

Käse- und Brotstücke an langen Spießen über der Glut zu grillen ist ideal als Nascherei, wenn der Grill gerade aufheizt. Das macht besonders Kindern großen Spaß. Aber Vorsicht: Der schmelzende Käse ist sehr heiß!

⏱ Zubereitung: 10 Min.
⏱ Grillzeit: 10 Min.
Pro Portion ca.: 775 kcal

Für Holzkohlengrill/Ofengrill
Für 4 Personen:
500 g Ziegenkäse (Rolle)
4 Knoblauchzehen
6 EL Olivenöl
50 g schwarze Oliven
4 eingelegte milde Peperoni (aus dem Glas)
2 Schalotten
4 große Tomaten
1 EL Zitronensaft
Salz, schwarzer Pfeffer
Alufolie

Tipp

Statt Ziegenkäse können Sie auch milden griechischen Feta-Käse nehmen. Dazu gibt's frisches Baguette.

Ziegenkäse mit Oliven und Peperoni

1. Den Holzkohlengrill oder Backofengrill anheizen. Den Ziegenkäse in 4 Scheiben schneiden. Den Knoblauch abziehen und durchpressen, mit 4 EL Olivenöl verrühren.

2. Alufolie in 4 Stücke (30 x 30 cm) reißen und auf der glänzenden Seite mit etwas Knoblauchöl bestreichen. Auf jedes Folienstück 1 Käsescheibe legen. Oliven und Peperoni mit Küchenpapier abtupfen und um den Käse verteilen. Mit dem restlichen Knoblauchöl beträufeln. Die Folien fest verschließen und rundum gut andrücken.

3. Die Schalotten abziehen und sehr fein hacken. Die Tomaten waschen, die Stielansätze entfernen und das Fruchtfleisch klein würfeln. Schalotten, Tomaten, Zitronensaft und 2 EL Olivenöl mischen, mit Salz und Pfeffer würzen.

4. Die Folienpäckchen auf dem heißen Grillrost bei mittlerer bis starker Hitze pro Seite 3–4 Min. grillen, bis das Öl in der Folie kräftig brutzelt (oder unter dem Ofengrill ca. 10 Min. garen). Die Päckchen anrichten und die Folien öffnen. Mit dem Tomaten-Schalotten-Salat servieren.

⏱ Zubereitung: 30 Min.
⏱ Grillzeit: 8 Min.
Pro Portion ca.: 560 kcal

Gemüse & Kartoffeln

Für Holzkohlengrill/Ofengrill
Für 4 Personen:
1 kg kleine fest kochende Kartöffelchen
4 EL grobes Meersalz
Für den Tomaten-Mojo:
500 g reife Tomaten
6–8 Knoblauchzehen
1/2 TL getrockneter Oregano
2 TL Chilipulver-Gewürzzubereitung
2 EL milder Weißweinessig
50 ml Olivenöl
Salz, schwarzer Pfeffer
Außerdem:
Holzspieße
Öl für den Rost und zum Bestreichen

Tipp

Die Meersalz-Kartöffelchen – eine kanarische Spezialität – werden klassisch mit den Fingern in den »Mojo« (Sauce) getaucht und mit der Schale gegessen.

Meersalz-Kartöffelchen mit Tomaten-Mojo

1. Die Kartoffeln gründlich waschen und bürsten. In einem Topf mit Meersalz bestreuen und vollständig mit Wasser bedecken. Aufkochen und zugedeckt 35 Min. kochen lassen. Abgießen. Den Topf offen auf die heiße Herdplatte stellen, bis die Kartoffelschalen schrumpelig getrocknet sind und sich eine Salzkruste gebildet hat. Kartoffeln abkühlen lassen.

2. Für den Tomaten-Mojo die Stielansätze der Tomaten entfernen. Die Tomaten kurz überbrühen, häuten und entkernen. Das Fruchtfleisch fein würfeln und abtropfen lassen. Den Knoblauch abziehen und grob zerkleinern. Knoblauch, eine Prise Salz und Oregano im Mörser zerstampfen. Knoblauchpüree, Chilipulver und Tomatenwürfel mischen. Essig und Olivenöl gut unterrühren und mit Salz und Pfeffer abschmecken.

3. Den Holzkohlengrill oder Backofengrill anheizen. Holzspieße wässern. Die Kartoffeln auf die Spieße stecken und rundum mit Öl bestreichen. Den Grillrost ölen. Die Spieße auf dem heißen Rost bei mittlerer Hitze ca. 10 Min. rundum grillen, bis sie leicht gebräunt sind. Mit Tomaten-Mojo servieren.

⏱ Zubereitung: 55 Min.
⏱ Grillzeit: 10 Min.   Pro Portion ca.: 275 kcal

Für Holzkohlengrill/Grillpfanne
Für 4 Personen:
1 kleine Zwiebel
10 grüne Oliven mit Stein
2 TL Zitronensaft
2 EL Olivenöl extra nativ
2 EL Schnittlauchröllchen
Salz, Pfeffer
2 reife, aber noch feste Avocados
Öl für den Rost

Tipp

Die gegrillten Avocados sind eine schnelle Vorspeise oder ein kleines Zwischengericht. Als Hauptgericht ergänzt man sie noch mit anderem gegrilltem Gemüse.

Gegrillte Avocados mit Olivensalat

1. Den Holzkohlengrill anheizen. Die Zwiebel abziehen und sehr fein hacken. Das Fruchtfleisch der Oliven von den Kernen schneiden und fein würfeln. Zwiebel- und Olivenwürfel, Zitronensaft, 1 EL Olivenöl und Schnittlauch vermischen. Mit Salz und Pfeffer würzen.

2. Die Avocados längs rund um den Kern einschneiden. Die Hälften gegeneinander verdrehen und trennen. Den Kern auslösen. Die Schnittflächen mit 1 EL Olivenöl bestreichen.

3. Den Grillrost leicht ölen. Die Avocadohälften auf dem heißen Rost (oder in der Grillpfanne) bei starker Hitze 4–5 Min. auf den Schnittflächen grillen, bis diese gebräunt sind. Wenden, mit der Olivenmischung füllen und 2–3 Min. weitergaren. Sofort servieren.

⏱ Zubereitung: 20 Min.
⏱ Grillzeit: 15 Min.   Pro Portion ca.: 230 kcal

Gemüse & Kartoffeln

Für Holzkohlengrill/Grillpfanne
Für 4 Personen:
1 Focaccia (Fladenbrot)
2 EL Olivenöl extra nativ
4 reife, noch feste Tomaten (ca. 400 g)
2 Kugeln Mozzarella
Salz, schwarzer Pfeffer
1 Bund Basilikum
Öl für den Rost

Tipp

Legen Sie zwischen Tomaten und Mozzarella noch ein paar hauchdünne Scheiben Parmaschinken. Die Focaccia können Sie auch selbst backen (Seite 126).

Focaccia mit Tomaten

1. Den Holzkohlengrill anheizen. Die Focaccia in 4 Stücke teilen, aufschneiden und innen mit Olivenöl beträufeln.

2. Die Tomaten waschen. Die Stielansätze entfernen und die Früchte in Scheiben schneiden. Tomatenscheiben auf den unteren Focacciahälften verteilen. Den Mozzarella gut abtropfen lassen und in Scheiben schneiden. Diese auf die Tomaten legen, mit Salz und Pfeffer würzen.

3. Die Basilikumblätter abzupfen, mit Küchenpapier abreiben und über den Mozzarella streuen. Die oberen Brothälften auflegen und fest zusammendrücken.

4. Den Grillrost leicht ölen. Die Focacciastücke auf dem heißen Rost (oder in der Grillpfanne) bei mittlerer bis starker Hitze pro Seite 7–10 Min. grillen, bis der Mozzarella schmilzt. Die Hälften dabei mit Grillschaufel oder Pfannenwender gelegentlich fest zusammendrücken. Heiß servieren.

Zubereitung: 20 Min.
Grillzeit: 20 Min.
Pro Portion ca.: 425 kcal

Für Holzkohlengrill/Grillpfanne
Für 4 Personen:
Für die Nuss-Sauce:
3 Stängel Basilikum
2 EL Pinienkerne
3 Knoblauchzehen
150 g Walnusskerne
125 ml Olivenöl extra nativ
Salz, Pfeffer
Für die Zucchini:
6 EL Olivenöl
ca. 2 TL Salz
1/2 EL Zitronensaft
1/2 TL getrockneter Thymian
1 kg mittelgroße Zucchini
Außerdem:
Öl für den Rost

Tipp

Sättigender wird das Gericht, wenn Sie noch rohen Schinken dazu servieren. Dazu schmeckt knuspriges Weißbrot.

Zucchini mit Nuss-Sauce

1. Für die Nuss-Sauce die Basilikumblätter abzupfen und mit Küchenpapier abreiben. Die Pinienkerne in einer Pfanne ohne Öl unter Rühren hellbraun rösten. Den Knoblauch abziehen und grob zerkleinern. Basilikum, Pinienkerne, Knoblauch und 125 g Walnusskerne im Mixer pürieren. Dabei das Olivenöl zulaufen lassen. Mit Salz und Pfeffer abschmecken. 25 g Walnusskerne grob hacken und über die Sauce streuen. Bis zum Grillen zugedeckt bei Zimmertemperatur ziehen lassen.

2. Den Holzkohlengrill anheizen. Olivenöl, Salz und Zitronensaft mischen. Thymian mit den Fingern darüber reiben und alles gründlich verquirlen.

3. Die Zucchini waschen, putzen und längs in knapp 1 cm dicke Scheiben schneiden. Diese rundum mit Thymianöl bestreichen.

4. Den Grillrost leicht ölen. Die Zucchini auf dem heißen Rost (oder in der Grillpfanne) bei mittlerer Hitze pro Seite 10–12 Min. nussbraun grillen. Beim Wenden mit Thymianöl bestreichen. Mit Nuss-Sauce beträufelt servieren.

Zubereitung: 30 Min.
Grillzeit: 25 Min.
Pro Portion ca.: 655 kcal

Gemüse & Kartoffeln

Für den Holzkohlengrill
Für 4 Personen:
1 kg Tomaten
1 Zwiebel
2 Knoblauchzehen
ca. 100 ml Olivenöl
2 EL Zitronensaft
Salz, schwarzer Pfeffer
1 TL rosenscharfes Paprikapulver
1 EL gehackte Petersilie
1 EL gehackter Dill
4 große, lange Auberginen
4 kleine rote Paprikaschoten
Außerdem:
8 Zahnstocher
Öl für den Rost

Gegrillte Auberginenpäckchen

1. Die Zahnstocher wässern. Von 2 Tomaten 8 halbkugelige Scheiben abschneiden, beiseite legen. Die Stielansätze der restlichen Tomaten entfernen. Die Tomaten kurz überbrühen, häuten und entkernen. Das Fruchtfleisch aller Tomaten würfeln. Zwiebel und Knoblauch abziehen, fein hacken.

2. 3 EL Olivenöl erhitzen. Zwiebel- und Knoblauchwürfel darin bei mittlerer Hitze ca. 5 Min. hellbraun braten. Die Tomatenwürfel zugeben und ca. 7 Min. schmoren. 150 ml Wasser angießen und offen 10 Min. leise köcheln lassen. Mit Zitronensaft, Salz, Pfeffer und Paprikapulver würzen. Die Kräuter unterrühren und die Sauce abkühlen lassen.

3. Den Holzkohlengrill anheizen. Die Auberginen waschen und längs in knapp 1 cm dicke Scheiben schneiden. 16 große Scheiben aus dem Mittelteil salzen und beiseite legen (Randstücke anderweitig verwenden).

4. Den Grillrost leicht ölen. Die Paprikaschoten waschen und auf dem heißen Rost bei starker Hitze rundum ca. 15 Min. grillen, bis die Haut fast schwarz ist. Etwas abkühlen lassen, häuten und in große Stücke schneiden.

5. Die Auberginenscheiben mit Küchenpapier abtupfen und auf beiden Seiten dick mit Olivenöl bestreichen. Auf dem heißen Rost bei mittlerer bis starker Hitze pro Seite 8–10 Min. braun grillen.

6. Die Zahnstocher aus dem Wasser nehmen. Jeweils 2 gegrillte Auberginenscheiben kreuzförmig aufeinander legen, ein Paprikastück darauf setzen, etwas salzen und pfeffern. Die Auberginenscheiben darüber zusammenschlagen, mit 1 halbkugeligen Tomatenscheibe belegen und mit einem Zahnstocher feststecken. Die Päckchen mit etwas Olivenöl bepinseln.

7. Die Päckchen bei mittlerer Hitze auf der Tomatenseite ca. 3 Min. grillen. Dann vorsichtig wenden und nochmals 2–3 Min. rösten. Mit Tomatensauce servieren.

Variante

Für **Auberginen-Lamm-Päckchen** 8 kleine Lammsteaks rosig grillen, auf die Auberginenscheiben legen und mit Salz und Pfeffer würzen. Ein Paprikastück darauf setzen und wie beschrieben fortfahren.

Tipp

Mit einer Aufschnittmaschine lassen sich die Auberginen in gleichmäßig dicke Scheiben schneiden.

Zubereitung: 45 Min.
Grillzeit: 40 Min.
Pro Portion ca.: 215 kcal

Gemüse & Kartoffeln

Für Holzkohlengrill/Grillpfanne
Für 4 Personen:
Für das Würz- und Minzöl:
100 ml Olivenöl
50 ml Zitronensaft
je 1 Msp. getrockneter Thymian, Majoran
je 1 Msp. Selleriesalz, Delikatess-Paprikapulver, Cayennepfeffer
Salz, schwarzer Pfeffer
1 Zweig frische Minze
Für das Grillgemüse:
3 schlanke Auberginen
6 kleine Zucchini
2 große Fenchelknollen
1 Bund glatte Petersilie zum Servieren
Außerdem:
Öl für den Rost

Grillgemüse mit Minzöl

1. Den Holzkohlengrill anheizen. Für das Würzöl Olivenöl, Zitronensaft, zerriebene Kräuter, Gewürze sowie eine gute Prise Salz und Pfeffer cremig verquirlen.

2. Das Gemüse waschen und putzen. Die Auberginen schräg in knapp 1 cm dicke Scheiben schneiden. Die Zucchini längs halbieren. Die Fenchelknollen so durch den Strunk in Scheiben schneiden, dass diese noch zusammenhalten. Die Gemüsescheiben salzen und mit etwas Würzöl bestreichen.

3. Den Grillrost leicht ölen. Das Gemüse auf dem heißen Rost (oder in der Grillpfanne) bei mittlerer Hitze pro Seite ca. 10 Min. grillen, bis alles schön gebräunt ist. Dabei gelegentlich mit Würzöl bepinseln.

4. Inzwischen Minze und Petersilie waschen und trockenschütteln. Die Minzblättchen fein hacken und unter das Würzöl rühren.

5. Das Grillgemüse mit Minzöl beträufeln, mit Petersilienzweigen garnieren und sofort servieren.

⏱ Zubereitung: 30 Min.	
⏱ Grillzeit: 20 Min.	Pro Portion ca.: 275 kcal

Für den Holzkohlengrill
Für 4 Personen:
250 g Erbsen (tiefgekühlt)
Salz
4 Zucchini (ca. 750 g)
4 reife Tomaten
4 Zweige frischer Oregano (ersatzweise 1 TL getrockneter)
4 EL Olivenöl
Knoblauchsalz
schwarzer Pfeffer
200 g Feta-Käse
Alufolie

Griechisches Gemüse

1. Den Holzkohlengrill anheizen. Die Erbsen in kochendem Salzwasser ca. 5 Min. bissfest garen. In ein Sieb gießen, kalt abschrecken und abtropfen lassen. Die Zucchini waschen, putzen und in nicht zu dünne Scheiben schneiden. Die Stielansätze der Tomaten entfernen. Die Früchte kurz überbrühen, häuten, entkernen und in Stücke schneiden. Den Oregano waschen, trockenschütteln und die Blättchen abzupfen.

2. Alufolie in 4 Stücke (30 x 30 cm) reißen. Mit etwas Olivenöl bestreichen und die Ränder aufbiegen. Das Gemüse darauf verteilen. Mit Oreganoblättchen bestreuen, mit Knoblauchsalz und Pfeffer würzen. Den Feta kalt abspülen und über das Gemüse bröseln. Mit dem restlichen Olivenöl beträufeln. Die Folien fest zu Päckchen verschließen.

3. Die Päckchen auf dem heißen Rost bei mittlerer bis starker Hitze 10–12 Min. grillen, bis das Öl darin leise brutzelt. Die Folienpäckchen ungeöffnet servieren.

Tipp

Wenn das Wetter nicht mitspielt, garen Sie die Päckchen einfach ca. 15 Min im 225° (Umluft 200°) heißen Backofen.

⏱ Zubereitung: 30 Min.	
⏱ Grillzeit: 12 Min.	Pro Portion ca.: 285 kcal

Gemüse & Kartoffeln

Für Holzkohlengrill/Grillpfanne
Für 4 Personen:
700 g vorwiegend fest kochende Kartoffeln
10 g getrocknete Steinpilze
150 g körniger Frischkäse (Hüttenkäse)
2 Eier (Größe M)
Salz, Pfeffer
Prise frisch geriebene Muskatnuss
ca. 150 g Hartweizengrieß
Mehl zum Bestreuen
Öl zum Formen, Bestreichen und für den Rost

Tipp
Die Einweichflüssigkeit der Steinpilze nicht weggießen, sondern für eine Suppe oder Sauce verwenden.

Kartoffel-Steinpilz-Küchlein

1. Die Kartoffeln waschen und in Salzwasser zugedeckt 25–30 Min. kochen. Abgießen und ausdampfen lassen. Die Steinpilze in warmem Wasser einweichen.

2. Die Kartoffeln noch warm pellen und durch die Kartoffelpresse drücken. Die Pilze fest ausdrücken und klein hacken.

3. Steinpilze, Frischkäse, Eier und Kartoffeln mischen. Kräftig mit Salz, Pfeffer und Muskatnuss würzen und gründlich verkneten. Dabei so viel Grieß zugeben, dass die Masse gut formbar ist. Den Teig bis zum Grillen zugedeckt bei Zimmertemperatur quellen lassen.

4. Den Holzkohlengrill anheizen. Die Hände leicht ölen und aus dem Kartoffelteig ca. 18 Küchlein formen. Diese dünn mit Mehl bestreuen und mit Öl bepinseln.

5. Den Grillrost leicht ölen. Die Küchlein auf dem heißen Rost (oder in der Grillpfanne) bei mittlerer Hitze pro Seite 5–7 Min. grillen. Erst wenden, wenn sie fest geworden sind. Nach dem Wenden nochmals mit Öl bestreichen. Heiß servieren.

Zubereitung: 40 Min.
Grillzeit: 15 Min.
Pro Portion ca.: 345 kcal

Für Holzkohlengrill/Grillpfanne
Für 4 Personen:
1 Zwiebel
4 Knoblauchzehen
3 EL Butter
130 g Grünkernschrot
220 ml Gemüsebrühe
2 EL Delikatess-Paprikapulver
1 TL getrockneter Thymian
1 TL getrockneter Oregano
2 Eier
ca. 60 g Semmelbrösel
2 EL Mehl
Salz, schwarzer Pfeffer
4 weiße Zwiebeln zum Servieren
300 g Ajvar (aus dem Glas) zum Servieren
Öl zum Formen und für den Rost

Grünkernröllchen mit Paprikadip

1. Zwiebel und Knoblauch abziehen und sehr fein würfeln. Die Butter zerlassen. Zwiebel-, Knoblauchwürfel und Grünkernschrot darin bei mittlerer Hitze ca. 5 Min. andünsten. Gemüsebrühe angießen. Paprikapulver und Kräuter unterrühren. Aufkochen und 5 Min. zugedeckt bei schwacher Hitze quellen lassen. Die Masse 10 Min. abkühlen lassen.

2. Den Holzkohlengrill anheizen. Eier, Semmelbrösel und Mehl unter die Grünkernmasse mischen, mit Salz und Pfeffer abschmecken. Etwas Öl auf einen flachen Teller gießen, die Hände ebenfalls leicht einölen. Die Grünkernmasse zu Röllchen formen und diese im Öl gleichmäßig rund drehen. Die weißen Zwiebeln abziehen und grob hacken.

3. Den Grillrost leicht ölen. Die Röllchen auf dem heißen Rost (oder in der Grillpfanne) bei mittlerer Hitze 12–15 Min. rundum grillen. Erst wenden, wenn sie fest geworden sind. Gelegentlich mit etwas Öl bestreichen. Mit Zwiebelwürfeln und einem Klecks Ajvar anrichten.

Zubereitung: 35 Min.
Grillzeit: 15 Min.
Pro Portion ca.: 360 kcal

Dips & Saucen

Vorweg und dazu

Beim Grillen ist das Drumherum genauso wichtig wie das Grillgut selbst. Zunächst dauert es ja eine ganze Weile, bis der Grill angeheizt ist. Da will der erste Hunger schon besänftigt sein. Außerdem ergibt Gegrilltes keine eigene Sauce wie Pfannen- oder Schmorgerichte. Also braucht man etwas Flüssiges dazu, und das muss ja nicht immer nur fertig aus der Flasche kommen. Grillsaucen selbst zu machen ist nicht schwer, und sie schmecken auch noch um Klassen besser. Dabei dürfen Sie hemmungslos Knoblauch und scharfe Gewürze verwenden – es ist ja meist Wochenende.

Kräuter- und Gremolata-Butter

Für 8 Personen:
250 g weiche Butter
Salz, weißer Pfeffer
Für die Kräuterbutter:
2 EL fein gehackte Kräuter (z. B. Petersilie, Kerbel, Estragon)
1 TL Zitronensaft, 1 Knoblauchzehe
Für die Gremolata-Butter:
1/2 unbehandelte Zitrone, 2 Knoblauchzehen
2 EL fein gehackte Petersilie
Alufolie

1. Die Butter mit Salz und Pfeffer schaumig rühren und in 2 Portionen teilen. Für die Kräuterbutter eine Portion Butter, Kräuter und Zitronensaft vermischen. Den Knoblauch abziehen, dazupressen und verrühren.

2. Für die Gremolata-Butter die Zitronenschale dünn abschälen und fein hacken. Den Knoblauch abziehen und ebenfalls fein hacken. Knoblauch und Petersilie unter die zweite Portion Butter mischen. Die Buttersorten zu Rollen formen, in Alufolie wickeln und bis zur Verwendung kühl stellen.

⏱ Zubereitung: 20 Min.

Pro Portion ca.: 240 kcal

Sonnenblumenkern-Quark-Dip

Für 4 Personen:
500 g Schichtkäse (Speisequark 10 %)
125 ml Milch
1 Zwiebel
1 Knoblauchzehe
Salz, Pfeffer
1 EL Pflanzenöl
3 EL geschälte Sonnenblumenkerne

1. Den Quark mit der Milch glatt rühren. Zwiebel und Knoblauch abziehen, sehr fein hacken und unter den Quark heben. Mit Salz und Pfeffer kräftig abschmecken.

2. Das Pflanzenöl erhitzen und die Sonnenblumenkerne darin mittelbraun rösten. Unter den Quark ziehen.

3. Den Quark als Dip zu rohen Gemüsestreifen oder zu heißen Pellkartoffeln servieren.

⏱ Zubereitung: 15 Min.

Pro Portion ca.: 205 kcal

Oliven-Vinaigrette

Für 4 Personen:
**2 kleine getrocknete Chilis
75 g grüne Oliven ohne Stein
2 Knoblauchzehen
2 EL Kapern
6 EL Zitronensaft
6 EL Olivenöl
Salz, schwarzer Pfeffer**

1. Die Chilis mit einer Prise Salz im Mörser zerreiben. Die Oliven hacken. Den Knoblauch abziehen und grob würfeln.

2. Oliven, Knoblauch und Kapern zu den Chilis geben und fein pürieren. Nach und nach Zitronensaft und Olivenöl untermischen. Die Vinaigrette mit Salz und Pfeffer abschmecken.

3. Die scharf-pikante Vinaigrette über gegrilltes Gemüse oder Schweinesteaks träufeln.

Zubereitung: 15 Min.

Pro Portion ca.: 170 kcal

Joghurtsauce mit Sesam

Für 4 Personen:
**4 Knoblauchzehen
1 TL Salz
1 EL gehackte glatte Petersilie
500 g Bulgara-Joghurt
2 EL Sesamsamen**

1. Den Knoblauch abziehen. Knoblauch und Salz im Mörser glatt zerstampfen. Knoblauchpüree, Petersilie und Joghurt verrühren.

2. Den Sesamsamen in einem trockenen Pfännchen bei mittlerer Hitze unter Rühren 3–4 Min. goldbraun rösten. Über die Joghurtsauce streuen.

3. Die Joghurtsauce zu Fleischspießen, Hackfleischbällchen oder -röllchen vom Grill servieren.

Zubereitung: 15 Min.

Pro Portion ca.: 185 kcal

Dips & Saucen

Für 4 Personen:
300 g reifer Camembert (45 % Fett i. Tr.)
100 g weiche Butter
2 Frühlingszwiebeln
2 TL edelsüßes Paprikapulver
1/2 TL rosenscharfes Paprikapulver
Salz, schwarzer Pfeffer
1 EL Cognac (wer mag)

Tipp

Der Camembert muss gut gereift und durch und durch cremig sein. Die Rinde darf aber noch keine bräunlichen Stellen zeigen, sonst schmeckt die Käsecreme bitter.

Angemachter Camembert

1. Den Camembert entrinden, in Stücke schneiden und mit einer Gabel zerdrücken. Die Butter gründlich untermischen.

2. Die Frühlingszwiebeln waschen und putzen. Die hellen Abschnitte fein hacken, die grünen Teile in Röllchen schneiden. Beides unter die Käsecreme mischen. Mit Paprika, wenig Salz, aber reichlich Pfeffer pikant würzen. Nach Belieben noch mit einem Schuss Cognac abschmecken.

3. Den angemachten Camembert zugedeckt 2–3 Std. im Kühlschrank ziehen lassen. Rechtzeitig herausnehmen und mit frischen Brezen oder Bauernbrot und Radieschen servieren.

Variante

Leichter wird die Käsecreme mit 20 g Butter und 80 g Doppelrahm-Frischkäse. Lockern Sie den Angemachten (für Erwachsene) noch mit einem Schuss Bier auf.

⏱ Zubereitung: 20 Min. | ⏱ Ruhezeit: 3 Std.
Pro Portion ca.: 410 kcal

Für 4 Personen:
300 g milder, nicht zu harter Räucherspeck
1 kleine Zwiebel
1 Knoblauchzehe
1/2 TL getrockneter Majoran
1 Lorbeerblatt
Salz
1 TL schwarze Pfefferkörner
3 Wacholderbeeren

Tipp

Der durchgedrehte Speck – eine Spezialität aus der Steiermark – ist länger haltbar, wenn Sie ihn mit einer Schicht zerlassenem Schweineschmalz versiegeln. Anschließend abkühlen lassen und im Kühlschrank aufbewahren.

Gehackter Speck (Verhackert)

1. Den Räucherspeck in kleine Stücke schneiden. Zwiebel und Knoblauch abziehen und sehr fein hacken. Alles in einer Schüssel mischen. Den Majoran mit den Fingern darüber reiben und unterheben.

2. Das Lorbeerblatt und eine Prise Salz im Mörser fein zerreiben. Die Pfefferkörner zufügen und zerstoßen, die Wacholderbeeren in der Gewürzmischung zerdrücken.

3. Die zerkleinerten Gewürze zum Speck geben und gründlich untermischen. Die Speckmischung einmal durch den Fleischwolf drehen oder im Blitzhacker grob pürieren.

4. Das Gehackte nochmals durchmischen und bei Bedarf nachsalzen. In Steinguttöpfchen füllen und zugedeckt im Kühlschrank noch etwas durchziehen lassen.

⏱ Zubereitung: 25 Min.
Pro Portion ca.: 410 kcal

Dips & Saucen

Für 4 Personen:
1 Dose Tunfisch naturell (150 g Abtropfgewicht)
4 hart gekochte Eier
1 TL Sardellenpaste
2 EL Kapern
2 EL Zitronensaft
100 ml Olivenöl
200 g Bulgara-Joghurt
Salz, schwarzer Pfeffer

Tipp

Diese pikante Tunfischcreme passt gut zu gegrilltem Gemüse (z. B. Auberginen, Zucchini) oder zu gegrilltem Geflügel.

Tunfisch-Dip

1. Den Tunfisch abtropfen lassen. Die Eier pellen und die Eigelbe herauslösen. Eigelbe, Sardellenpaste, 1 EL Kapern und Zitronensaft mit dem Pürierstab oder Mixer pürieren. Langsam das Olivenöl zumixen.

2. Die Molke vom Joghurt abgießen. Den Joghurt glatt rühren und unter das Tunfischpüree ziehen. Mit Salz und Pfeffer abschmecken.

3. Die Eiweiße und 1 EL Kapern grob hacken und über den Dip streuen. Den Tunfisch-Dip bis zum Servieren zugedeckt in den Kühlschrank stellen.

Variante

Für **gefüllte Eier** nur so viel Joghurt untermischen, dass die Tunfischcreme ziemlich fest bleibt. Die Masse in einen Spritzbeutel füllen und in die Eiweißhälften spritzen. Mit gehackten Kapern garnieren und als Vorspeise servieren.

Zubereitung: 20 Min.

Pro Portion ca.: 345 kcal

Für 4 Personen:
200 g reife Tomaten
1 unbehandelte Zitrone
1 Bund Bärlauch (ersatzweise 1 Frühlingszwiebel und 1 Knoblauchzehe)
2 weiche Avocados
Salz, schwarzer Pfeffer
1 Msp. Cayennepfeffer

Tipp

Zu diesem mexikanisch angehauchten Dip passen rohe Gemüse oder auf dem heißen Grill angeröstete Weizen-Tortillas (Seite 126).

Avocado-Dip mit Bärlauch

1. Die Stielansätze der Tomaten entfernen. Die Tomaten kurz überbrühen, häuten und entkernen. Das Fruchtfleisch in kleine Würfel schneiden. Ca. 1 TL Zitronenschale abreiben, die Zitrone auspressen.

2. Den Bärlauch waschen, trockenschütteln und die Blättchen fein schneiden (oder Frühlingszwiebel waschen, Knoblauch abziehen und beides sehr fein hacken).

3. Die Avocados um den Kern einschneiden, die Hälften gegeneinander drehen und trennen. Den Kern auslösen. Das Fruchtfleisch mit einem Löffel herausheben und mit einer Gabel zu glattem Mus zerdrücken.

4. Das Avocadopüree sofort mit Zitronensaft vermischen. Bärlauch und Zitronenschale unterrühren. Mit Salz, Pfeffer und Cayennepfeffer pikant abschmecken. Den Avocado-Dip sofort servieren, sonst wird er unansehnlich.

Zubereitung: 20 Min.

Pro Portion ca.: 175 kcal

Dips & Saucen

Für 4 Personen:
1 Zwiebel
2 Knoblauchzehen
1 EL Öl
1 Packung passierte Tomaten (500 g Inhalt)
2 EL Worcestersauce
1 TL Chili-Gewürzzubereitung
2 EL Rotweinessig
1 EL Rum (wer mag)
3 EL brauner Zucker
1/4 TL gemahlene Gewürznelken
Salz, schwarzer Pfeffer
Tabasco

Tomatenketchup

1. Zwiebel und Knoblauch abziehen. Die Zwiebel auf einer Gemüsereibe fein raspeln. Das Öl erhitzen und das Zwiebelpüree darin bei mittlerer Hitze 5 Min. andünsten. Den Knoblauch dazupressen und mit ca. 50 ml Wasser ablöschen. Alles aufkochen lassen.

2. Tomatenpüree, Worcestersauce, Chili-Gewürzzubereitung, Essig sowie eventuell Rum und Zucker unterrühren. Mit Gewürznelken, Salz, Pfeffer und Tabasco pikant abschmecken. Aufkochen und offen bei mittlerer Hitze unter Rühren 10 Min. leise köcheln lassen.

3. Das Ketchup in heiß ausgespülte Flaschen mit weitem Hals (z. B. Saftflaschen) füllen und im Kühlschrank aufbewahren.

Tipp

Reichen Sie dieses hausgemachte Ketchup zu gegrilltem Fleisch, Hamburgern und Grillwürstchen. Kochen Sie ruhig die doppelte Menge, denn das Ketchup ist im Kühlschrank ca. 1 Woche haltbar. Ist das Tomatenpüree recht wässerig, geben Sie noch ca. 70 g Tomatenmark zu.

Zubereitung: 30 Min.

Pro Portion ca.: 110 kcal

Für 4 Personen:
300 g reife Tomaten
150 g frische milde rote Chilis
150 g Äpfel
1 Zwiebel
3 Knoblauchzehen
30 g frischer Ingwer
2 EL Pflanzenöl
6 EL Zucker
2 Lorbeerblätter
150 ml Weißweinessig
Salz

Tipp

Servieren Sie diese pikante Sauce zu gegrilltem Fleisch (z. B. Rinder- oder Schweinesteaks, Hähnchen). Wird die Sauce beim Pürieren nicht ganz glatt, streichen Sie sie zusätzlich noch durch ein Sieb.

Tomaten-Chili-Sauce

1. Die Stielansätze der Tomaten entfernen. Tomaten kurz überbrühen, häuten und entkernen. Das Fruchtfleisch klein würfeln. Die Chilischoten entkernen, putzen und sehr fein hacken. Die Äpfel schälen, vierteln und das Kerngehäuse entfernen. Die Apfelviertel würfeln.

2. Zwiebel und Knoblauch abziehen und grob hacken. Den Ingwer schälen und klein würfeln. Das Öl erhitzen. Zwiebel und Knoblauch darin bei mäßiger Hitze ca. 10 Min. langsam glasig dünsten. Chilis, Äpfel und Ingwer zugeben. Unter Rühren 5 Min. weiterdünsten.

3. Den Zucker darüber streuen und kurz schmoren lassen. Die Tomatenwürfel unterrühren und den Lorbeer hineinbröseln. Den Essig angießen und salzen. Offen bei mittlerer Hitze ca. 15 Min. leise kochen lassen.

4. Die Sauce mit dem Pürierstab oder Mixer glatt pürieren. Abschmecken und abkühlen lassen.

Zubereitung: 45 Min.

Pro Portion ca.: 215 kcal

Dips & Saucen

Für 4 Personen:
750 g reife Tomaten
2 Zwiebeln
2 Knoblauchzehen
2 frische rote Chilis
50 ml Apfelessig
3 EL heller Honig
1 Zimtstange
1 Lorbeerblatt
4 Gewürznelken
Salz, schwarzer Pfeffer
Tabasco (wer mag)

Tipp
Zimtstange, Lorbeerblatt und Gewürznelken lassen sich leichter entfernen, wenn Sie sie vor dem Kochen in einen Teefilter füllen.

Hot Chili Sauce

1. Die Stielansätze der Tomaten entfernen. Die Tomaten kurz überbrühen, häuten und entkernen. Das Fruchtfleisch würfeln. Zwiebeln und Knoblauch abziehen und fein hacken. Die Chilischoten entkernen, putzen und fein würfeln.

2. Zwiebeln, Knoblauch, Chilis, Essig, Honig, Zimtstange, Lorbeerblatt und Gewürznelken sowie die Hälfte der Tomatenwürfel bei mittlerer Hitze langsam aufkochen. Dann offen bei schwacher Hitze ca. 45 Min. ganz leise köcheln lassen, bis die Sauce dick geworden ist. Gewürze aus der Sauce entfernen.

3. Die restlichen Tomatenwürfel in die Sauce rühren. Weitere 10 Min. leise köcheln lassen, bis die Würfel weich sind.

4. Die Sauce mit Salz und Pfeffer abschmecken und nach Belieben noch mit einigen Tropfen Tabasco würzen. In eine heiß ausgespülte, weithalsige Flasche füllen und abkühlen lassen. Im Kühlschrank mindestens 2–3 Std. oder über Nacht durchziehen lassen.

Zubereitung: 1 Std. 30 Min. | Kühlzeit: 3 Std.
Pro Portion ca.: 70 kcal

Für 4 Personen:
700 g gelbe Paprikaschoten
2 Zwiebeln
20 g frischer Ingwer
50 g Zucker
100 ml Orangensaft
2 EL Weißweinessig
2 TL mittelscharfes Currypulver
Salz, weißer Pfeffer

Tipp
Wenn die Schalenreste der Paprikaschoten Sie stören, streichen Sie das Püree noch durch ein feines Sieb. Statt 20 g frischem Ingwer können Sie auch 1 Msp. Ingwerpulver verwenden. Aber nicht mehr, sonst schmeckt das Ketchup seifig.

Gelbes Paprika-Curry-Ketchup

1. Die Paprikaschoten waschen, halbieren und putzen. Die Schoten fein würfeln. Die Zwiebeln abziehen und fein hacken. Den Ingwer schälen und klein würfeln.

2. Den Zucker in einen hellen Topf streuen und mit etwas Wasser anfeuchten. Bei mittlerer Hitze schmelzen lassen. Die Paprika-, Zwiebel- und Ingwerwürfel darin unter Rühren ca. 5 Min. andünsten. Den Orangensaft angießen und aufkochen. Offen bei schwacher Hitze ca. 20 Min. leise köcheln lassen, bis die Paprikawürfel weich sind.

3. Die Paprikamischung mit dem Pürierstab oder Mixer glatt pürieren. Wieder in den Topf gießen und unter Rühren erhitzen. Das Ketchup mit Essig, Currypulver, Salz und Pfeffer pikant abschmecken. Abkühlen lassen und in eine heiß ausgespülte, weithalsige Flasche (z. B. Saftflasche) füllen. Im Kühlschrank aufbewahren.

Zubereitung: 50 Min.
Pro Portion ca.: 95 kcal

Dips & Saucen

Für 4 Personen:
1/2 Salatgurke
Salz
400 g Sahnejoghurt
3 Knoblauchzehen
schwarzer Pfeffer
schwarze Oliven zum Garnieren

Tipp

Tzatzíki passt zu allen würzigen Fleischgerichten vom Grill. Wenn Sie keinen Sahnejoghurt bekommen, können Sie auch 500 g Bulgara-Joghurt verwenden. Diesen vor der Zubereitung in einem mit einem Tuch ausgelegten Sieb 2–3 Std. abtropfen lassen. Sonst wird das Tzatzíki zu flüssig.

Knoblauchjoghurt (Tsatsíki)

1. Die Salatgurke waschen, längs halbieren und die Kerne ausschaben. Die Gurkenhälften grob raspeln und mit Salz vermischen. Ca. 20 Min. Saft ziehen lassen.

2. Den Joghurt cremig rühren. Den Knoblauch abziehen und dazupressen.

3. Die Gurkenraspel abtropfen lassen und fest ausdrücken. Unter den Joghurt mischen und mit Salz und Pfeffer abschmecken. Zugedeckt 2–3 Std. in den Kühlschrank stellen. Mit Oliven garniert servieren.

Variante

Für **türkischen Minzjoghurt** 500 g Bulgara-Joghurt abtropfen lassen (Tipp). Mit 4 abgezogenen und fein gehackten Knoblauchzehen, 2 TL zerriebener Minze sowie Salz und Pfeffer würzen. Den Minzjoghurt auf einer Platte anrichten und mit Tomatenscheiben, Oliven und Petersilienblättchen garnieren.

⏱ Zubereitung: 30 Min. | ⏱ Kühlzeit: 3 Std.
| Pro Portion ca.: 135 kcal

Für 4 Personen:
6 Knoblauchzehen
grobes Meersalz
2 EL Semmelbrösel
125 ml Olivenöl
schwarzer Pfeffer
1–2 EL Zitronensaft

Tipp

Die klassische All-i-oli, die nur mit püriertem Knoblauch und Semmelbröseln gebunden wird, stammt aus Katalonien. Sie wird zu gegrilltem Fisch und zu Würstchen serviert. Damit die Sauce schön hell wird, reiben Sie die Semmelbrösel am besten selbst aus einem entrindeten Brötchen.

Knoblauchsauce All-i-oli

1. Den Knoblauch abziehen und in Stücke schneiden. Knoblauch und etwas Meersalz im Mörser zu Brei zerstampfen (oder im Mixer pürieren). Die Semmelbrösel zugeben und weiterstampfen, bis ein glattes Püree entsteht.

2. Das Knoblauchpüree in eine Schüssel füllen. Das Olivenöl mit einem Schneebesen unter ständigem Rühren tropfenweise einarbeiten, bis eine dicke Creme entsteht. Mit Pfeffer und Zitronensaft abschmecken.

Variante

Verwandt mit der All-i-oli ist die **Aïoli** der Provence. Sie wird wie eine Majonäse mit Eigelb zubereitet. Dafür 4 Knoblauchzehen abziehen, durchpressen und mit 1 frischen Eigelb verrühren. Jetzt mit dem Schneebesen ca. 100 ml Olivenöl zuerst tropfenweise, dann in dünnem Strahl unterschlagen, bis eine cremige Sauce entsteht. Die Aïoli mit Salz, Pfeffer und etwas Zitronensaft abschmecken.

⏱ Zubereitung: 20 Min.
| Pro Portion ca.: 215 kcal

Dips & Saucen

Für 4 Personen:
750 g rote Paprikaschoten
1 Zwiebel
2 Knoblauchzehen
3 EL Pflanzenöl
2 EL Rotweinessig
1 Msp. Cayennepfeffer
Salz, schwarzer Pfeffer

Tipp

Ajvar passt zu Cevapcici (Seite 24) und gegrilltem Fleisch.

Pikante Paprikapaste (Ajvar)

1. Den Backofen (möglichst mit Grill) auf höchster Stufe (250°, Umluft mit Grill 200°) vorheizen. Die Paprikaschoten waschen, längs halbieren und putzen. An den Enden jeweils etwas einschneiden. Die Schoten auf ein geöltes Backblech oder Alufolie legen und flach drücken. Im heißen Ofen (oben) mit Grill 7–10 Min., ohne Grill ca. 15 Min. backen, bis die Haut fast schwarz ist und Blasen wirft. Die Schoten aber nicht verbrennen lassen.

2. Die Paprika aus dem Ofen nehmen, etwas abkühlen lassen und die Haut abziehen. Das Fruchtfleisch mit dem Pürierstab oder Mixer nicht zu fein zerkleinern.

3. Zwiebel und Knoblauch abziehen und fein hacken. Das Öl erhitzen und die Zwiebel- und Knoblauchwürfel bei mittlerer Hitze darin ca. 5 Min. goldgelb schmoren. Das Paprikapüree zugeben und unter Rühren ca. 10 Min. köcheln lassen, bis die Masse dick ist.

4. Essig und Cayennepfeffer unterrühren und die Sauce mit Salz und Pfeffer würzen. Das Ajvar zugedeckt im Kühlschrank 2–3 Std. ziehen lassen.

⏱ Zubereitung: 35 Min. | ⏱ Kühlzeit: 3 Std.
| Pro Portion ca.: 100 kcal

Für 4 Personen:
250 g rote Johannisbeeren
6 EL Gelierzucker
1 unbehandelte Orange
1 unbehandelte Zitrone
1 TL Senfkörner
3 Pfefferkörner
1 Zwiebel
1 TL Butter
1 Msp. gemahlener Ingwer
1 EL Worcestersauce
Salz, Cayennepfeffer

Tipp

Dies ist die klassische Sauce zu rosig gegrilltem Roastbeef und gegrillten Steaks. Wenn Sie keine Senfkörner haben, würzen Sie die Sauce zum Schluss einfach mit 1 TL scharfem Senf.

Cumberland-Sauce

1. Die Johannisbeeren waschen und abtropfen lassen. Die Beeren mit einer Gabel von den Stielen streifen. Leicht zerdrücken und mit Gelierzucker bestreuen.

2. Orange und Zitrone heiß abwaschen. Jeweils ein 5 cm langes Stück Schale hauchdünn abschneiden und in feine Streifen schneiden. Zitrusfrüchte auspressen.

3. Senf- und Pfefferkörner in einem Mörser zerstoßen. Die Zwiebel abziehen und fein würfeln. Die Butter zerlassen und die Zwiebelwürfel darin bei mittlerer Hitze 4–5 Min. glasig dünsten.

4. Orangen- und Zitronensaft zu den Zwiebeln gießen und die gezuckerten Beeren einrühren. Mit den zerstoßenen Senf- und Pfefferkörnern sowie den übrigen Gewürzen pikant abschmecken. Ca. 5 Min. sprudelnd kochen lassen. Bei Bedarf noch etwas Wasser angießen. Abkühlen lassen.

⏱ Zubereitung: 30 Min. | Pro Portion ca.: 145 kcal

Dips & Saucen

Für 4 Personen:
- 1 Zwiebel
- 1 Stange Staudensellerie
- 1 rote Paprikaschote (ca. 250 g)
- 1 grüne Paprikaschote (ca. 250 g)
- 1 frische grüne Chili
- 1 kleine Dose Maiskörner (140 g Abtropfgewicht)
- 2 EL Olivenöl extra nativ
- 1 EL heller Honig
- 75 ml Apfelsaft
- 1 TL Anissamen
- Salz, grob gemahlener schwarzer Pfeffer
- 2 EL Weißweinessig
- 1 TL scharfer Senf

Paprika-Relish

1. Die Zwiebel abziehen und fein hacken. Den Staudensellerie waschen, harte Fäden von der Außenseite abziehen und die Stangen in kleine Stücke schneiden. Die Paprikaschoten waschen, halbieren, putzen und fein würfeln. Die Chilischote entkernen, putzen und fein hacken. Die Maiskörner abtropfen lassen.

2. Das Olivenöl erhitzen. Die Zwiebelwürfel darin bei mittlerer bis schwacher Hitze ca. 10 Min. honigfarben andünsten. Sellerie-, Paprika- und Chiliwürfel zugeben und offen 4–5 Min. weiterdünsten.

3. Honig und Apfelsaft zum Gemüse geben. Anissamen und etwas Salz im Mörser zerstoßen. Mit dem Pfeffer unter das Gemüse rühren. Alles zugedeckt bei mittlerer Hitze noch 5 Min. köcheln lassen. Essig und Senf unterrühren und abschmecken. Das Relish zugedeckt abkühlen lassen und noch etwas im Kühlschrank durchziehen lassen.

Tipp

Servieren Sie das bunte Paprika-Relish kalt als Beilage zu Steaks, Hamburgern oder Bratwürsten.

Zubereitung: 35 Min.

Pro Portion ca.: 210 kcal

Für 4 Personen:
- 2 säuerliche Äpfel (Boskop)
- 2 EL Zitronensaft
- 30 g frischer Ingwer
- 1 Zwiebel
- 4 Knoblauchzehen
- 2 frische rote Chilis
- 4 EL Weißweinessig
- 4 EL ungeschwefelte Rosinen
- 4 EL brauner Zucker
- 4 Gewürznelken
- Salz, schwarzer Pfeffer

Apfel-Chutney

1. Die Äpfel schälen, vierteln und das Kerngehäuse entfernen. Die Apfelviertel in ca. 1 cm dicke Scheiben schneiden und mit Zitronensaft beträufeln.

2. Den Ingwer schälen und in feine Streifen schneiden. Zwiebel und Knoblauch abziehen. Die Zwiebel grob, den Knoblauch fein hacken. Die Chilischoten entkernen, putzen und in feine Streifen schneiden.

3. Äpfel, Zwiebeln, Knoblauch, Chili, Essig, Rosinen, Zucker, Gewürznelken, Salz und Pfeffer langsam aufkochen. Dann offen bei mittlerer Hitze ca. 20 Min. dünsten, bis die Äpfel musig werden. Dabei öfter umrühren und bei Bedarf etwas Wasser angießen.

4. Das Apfel-Chutney lauwarm oder abgekühlt servieren. Im Kühlschrank aufbewahren.

Tipp

Diese indisch inspirierte Sauce passt zu gegrilltem Fleisch oder Geflügel. Größere Mengen für den Vorrat kochend heiß in vorbereitete Schraubgläser füllen und umgedreht abkühlen lassen. So ist das Chutney mehrere Wochen haltbar.

Zubereitung: 30 Min.

Pro Portion ca.: 130 kcal

Salate & Beilagen

Damit es rund wird

Grillen ist ein Freiluft-Event – vorausgesetzt das Wetter spielt mit. Ein großer, abwechslungsreich gefüllter Brotkorb ist dabei die wichtigste Beilage. Einen einfachen Brotteig kann man auch gut um Stöcke wickeln und über der Glut grillen, ein Riesenspaß für Kinder. Nicht minder wichtig sind Salate, die ruhig ein wenig sättigen dürfen, damit der Fleischhunger nicht überhand nimmt. Am schönsten sind Salate, die sich jeder nach Lust und Laune selbst zusammenstellen kann. So finden alle das Passende. Auch hausgemachte Mixed Pickles und kaltes Gemüse finden stets reißenden Absatz.

Weißkohlsalat mit Möhren (Cole Slaw)

Für 4 Personen:
4 EL Weißweinessig
6 EL Pflanzenöl
Salz, weißer Pfeffer
500 g Weißkohl
2 Möhren
2 kleine Zwiebeln
1 Apfel
Cayennepfeffer
Kümmel
gemahlene Gewürznelken

1. Aus Essig, Öl, Salz und Pfeffer eine Vinaigrette rühren. Weißkohl waschen und putzen. Möhren, Zwiebeln und Apfel schälen. Den Apfel vierteln und das Kerngehäuse entfernen. Alles auf einer Gemüsereibe raspeln, in die Vinaigrette rühren.

2. Den Salat mit Cayennepfeffer, Kümmel und Gewürznelken pikant abschmecken. Durchmischen und 1 Std. im Kühlschrank ziehen lassen. Passt zu allen Grillgerichten.

Zubereitung: 30 Min.   Ruhezeit: 1 Std.
Pro Portion ca.: 190 kcal

Grillkartoffeln (Baked Potatoes)

Für 4 Personen:
8 mittelgroße, mehlig kochende Kartoffeln
Salz
2 TL Kümmel
200 g saure Sahne
Alufolie + Öl zum Bestreichen

1. Die Kartoffeln waschen und rundum mehrmals einstechen. Alufolie in 8 Stücke reißen und auf der glänzenden Seite mit Öl bestreichen. Die Kartoffeln tropfnass darauf legen und die Folienecken nach oben biegen. Die Knollen mit Salz und Kümmel bestreuen, die Folie zusammendrücken.

2. Die Folienpäckchen am Rand der glimmenden Holzkohle 45–60 Min. garen. Dabei ab und zu wenden. Die Kartoffeln sind gar, wenn sie beim Anstechen mit einem Spießchen bis zur Mitte weich sind.

3. Die Päckchen öffnen, die Kartoffeln mit 2 Gabeln aufreißen, etwas salzen und mit saurer Sahne füllen. Sofort servieren.

Zubereitung: 10 Min.
Grillzeit: 1 Std.   Pro Portion ca.: 225 kcal

Stockbrot gegrillt

Für 6 Personen:
700 g Mehl (Type 550)
1 Würfel Hefe (42 g)
2 TL Zucker
200 ml lauwarme Milch
2 TL Salz
je 1/2 TL getrockneter Rosmarin, Thymian und Oregano

1. Das Mehl in eine Schüssel sieben, in die Mitte eine Vertiefung drücken. Hefe zerbröseln, mit Zucker, Milch und 200 ml lauwarmem Wasser verrühren. In die Vertiefung gießen und mit etwas Mehl vermischen. Zugedeckt 30 Min. gehen lassen.

2. Salz und Kräuter zugeben und alles zu einem geschmeidigen Teig verkneten. Diesen zugedeckt an einem warmen Ort 30–60 Min. aufgehen lassen, bis sich sein Volumen verdoppelt hat.

3. Den Teig in 12 gleich große Stücke teilen, zu 30 cm langen, daumendicken Strängen rollen. Diese spiralförmig um lange Holzstöcke wickeln und über glühender Holzkohle rundum schön braun backen.

⏲ Zubereitung: 15 Min.
⏲ Grillzeit: 15 Min.
⏲ Ruhezeit: 1 Std. 30 Min.
Pro Portion ca.: 430 kcal

Spanische Zitronen-Kartoffeln

Für 4 Personen:
750 g fest kochende Kartoffeln
Salz
2 Zitronen
4 Knoblauchzehen
1 EL Weißweinessig
4 EL Gemüsefond
6 EL Olivenöl extra nativ
schwarzer Pfeffer
2 EL gehackte Petersilie

1. Die Kartoffeln waschen und in Salzwasser zugedeckt 25–30 Min. kochen. Abgießen, ausdampfen lassen und pellen. Noch lauwarm längs halbieren und in fingerdicke Scheiben schneiden.

2. Die Zitronen auspressen. Den Knoblauch abziehen und fein würfeln. Zitronensaft, Knoblauch, Essig und Gemüsefond verrühren. Das Öl unterquirlen, mit Salz und Pfeffer abschmecken. Die Sauce über die Kartoffeln gießen, vorsichtig vermischen. Mit Petersilie bestreuen und servieren.

⏲ Zubereitung: 45 Min.
Pro Portion ca.: 225 kcal

Salate & Beilagen

Für 4 Personen:
- 2 reife Fleischtomaten (ca. 400 g)
- 1 kleine Salatgurke
- 1 große grüne Paprikaschote
- 1 frische grüne Chili
- 1 weiße Zwiebel
- 1 Bund glatte Petersilie
- 1 Zweig frische Minze
- 2 weiche Avocados
- 3 EL Erdnusscreme
- 5 EL Zitronensaft
- Salz, schwarzer Pfeffer

Tipp

Sie können den Salat auch mit normalen Tomaten zubereiten. Diese müssen Sie vor dem Würfeln allerdings entkernen, sonst wird die Sauce zu dünn. Der Salat schmeckt auch mit einer einfachen Sauce aus Olivenöl und viel Zitronensaft.

Tomaten-Gurken-Paprika-Salat

1. Die Tomaten waschen und die Stielansätze entfernen. Die Tomaten in sehr kleine Würfel schneiden. Die Gurke waschen, schälen und längs halbieren. Die Kerne ausschaben. Das Gurkenfleisch ebenfalls fein würfeln.

2. Paprika- und Chilischote waschen, putzen und klein würfeln. Die Zwiebel abziehen und fein hacken. Die Kräuter waschen, trockenschütteln und die Blättchen fein hacken. Tomaten-, Gurken-, Paprika- und Chiliwürfel sowie Kräuter vermischen.

3. Die Avocados längs rund um den Kern einschneiden. Die Hälften gegeneinander drehen und trennen, den Kern entfernen. Die Avocadohälften schälen und in Würfel schneiden. Vorsichtig unter den Salat heben.

4. Die Erdnusscreme mit Zitronensaft glatt rühren, mit Salz und Pfeffer würzen. Die Sauce über den Salat gießen und alles vorsichtig durchmischen. Bei Bedarf noch etwas salzen.

Zubereitung: 20 Min.

Pro Portion ca.: 295 kcal

Für 4 Personen:
- 1 kg vorwiegend fest kochende Kartoffeln
- 1 große Zwiebel
- 75 g Frühstücksspeck (Bacon)
- 2 EL Pflanzenöl
- 100 ml Brühe
- 100 ml milder Weißweinessig
- 4 Salzgurken
- etwas Gurkenlake
- Salz, schwarzer Pfeffer
- 2 EL Schnittlauchröllchen

Kartoffelsalat mit Speck

1. Die Kartoffeln waschen und in Salzwasser zugedeckt 25–30 Min. kochen. Abgießen und ausdampfen lassen. Noch warm pellen und in Scheiben schneiden.

2. Die Zwiebel abziehen und hacken. Den Speck in kleine Würfel schneiden. Das Öl erhitzen und den Speck darin bei mäßiger Hitze 7 Min. knusprig braten. Die Zwiebelwürfel zugeben und 2–3 Min. weiterbraten. Mit Brühe und Essig ablöschen. Den Sud aufkochen und über die Kartoffelscheiben gießen. Kräftig mischen.

3. Die Salzgurken klein würfeln und mit etwas Gurkenlake unter den Salat heben. Mit Salz und Pfeffer abschmecken, mit Schnittlauchröllchen bestreut servieren.

Variante

Kartoffelsalat mit Pfifferlingen
250 g Pfifferlinge putzen und in Stücke schneiden. Im heißen Öl 10 Min. braten. 1 EL frische Estragonblättchen zugeben. Weiter wie beschrieben zubereiten.

Zubereitung: 45 Min.

Pro Portion ca.: 325 kcal

Salate & Beilagen

Für 4 Personen:
1/2 Romanasalat (ersatzweise 1 Salatherz, Little Gem)
2 feste, nicht zu reife Fleischtomaten
1/2 Salatgurke
1/2 Gemüsezwiebel
1 grüne Paprikaschote
1 reife, nicht zu weiche Avocado
1 Orange
4 EL Maiskörner (aus der Dose)
10 grüne Oliven
Salz, schwarzer Pfeffer
2–3 EL milder Weißweinessig
4 EL Olivenöl extra nativ

Bunter kanarischer Salat

1. Die Salatblätter ablösen, waschen und gut trockenschütteln. In 1 cm breite Streifen schneiden und auf einer Platte ausbreiten.

2. Die Tomaten waschen und die Stielansätze entfernen. Die Tomaten in dicke Scheiben schneiden. Die Gurke waschen, streifig schälen und ebenfalls in dicke Scheiben teilen. Die Gemüsezwiebel abziehen und in nicht zu dünne Scheiben schneiden. Diese zu Ringen aufblättern. Die Paprika waschen, halbieren und putzen. Die Hälften in nicht zu dünne Streifen schneiden.

3. Die Avocado längs um den Kern einschneiden. Die Hälften gegeneinander drehen und trennen, den Kern entfernen. Die Avocadohälften schälen und längs in Spalten schneiden. Die Orange bis ins Fruchtfleisch schälen. In Scheiben schneiden und die Kerne entfernen.

4. Gemüse, Avocadospalten, Orangen, Maiskörner und Oliven auf und um den Blattsalat anrichten. Salzen, pfeffern, mit Essig und Öl beträufeln und servieren.

⏱ Zubereitung: 20 Min.

Pro Portion ca.: 300 kcal

Für 4 Personen:
4 Eier
2 Fenchelknollen (ca. 400 g)
1 große Gemüsezwiebel
1 Salatgurke
100 g schwarze Oliven
Für die Sauce:
200 g Sahnejoghurt
3 EL Majonäse
1 EL Kapern
1 Bund gemischte Kräuter (Petersilie, Oregano, Thymian, Dill)
4 EL Zitronensaft
Cayennepfeffer
Salz, schwarzer Pfeffer

Kretischer Salat

1. Die Eier in ca. 7 Min. hart kochen. Den Fenchel waschen und putzen, das Fenchelgrün beiseite legen. Die Knollen mit dem Gemüsehobel in dünne Scheiben hobeln.

2. Die Zwiebel abziehen und ebenfalls in dünne Scheiben hobeln. Die Gurke waschen, streifig schälen und in dickere Scheiben schneiden.

3. Die Eier kalt abschrecken, pellen und längs vierteln. Fenchel, Zwiebeln und Gurken dekorativ auf einer Platte anrichten. Die Eier rundum verteilen. Mit den Oliven garnieren.

4. Für die Sauce Joghurt und Majonäse verrühren. Die Kapern abtropfen lassen. Die Kräuter waschen, trockenschütteln und die Blättchen abzupfen. Kapern, Kräuter und Fenchelgrün fein hacken. Unter den Joghurt heben. Die Sauce mit Zitronensaft, Cayennepfeffer, Salz und Pfeffer abschmecken. Über den Salat träufeln.

Tipp

Der würzig-frische Salat schmeckt besonders gut zu Suvlákja (Seite 32) oder Lammkoteletts.

⏱ Zubereitung: 30 Min.

Pro Portion ca.: 345 kcal

Salate & Beilagen

Für 4 Personen:
250 g Dinkelkörner (ersatzweise Weizenkörner)
750 ml Gemüsebrühe
1 rote Paprikaschote
1 grüne Paprikaschote
2 reife Tomaten
1 große Zwiebel
6 Zweige frische Minze
100 ml Zitronensaft
6–8 EL Olivenöl
Salz, schwarzer Pfeffer

Tipp

Dinkel ist ein enger Verwandter des Weizens, er schmeckt aber nussiger. In Bioläden und Reformhäusern finden Sie auch »Dinkelreis«, angeschälte und vorgegarte Körner, die ohne Einweichen bereits nach 20 Min. gar sind.

Provenzalischer Dinkelsalat

1. Die Dinkelkörner unter fließendem Wasser waschen. In kaltem Wasser 12 Std. oder über Nacht einweichen.

2. Den Dinkel abtropfen lassen. Körner und Brühe aufkochen und bei schwacher Hitze zugedeckt 45–60 Min. garen, bis die Körner gar, aber noch bissfest sind. Dabei gelegentlich umrühren und bei Bedarf Wasser nachgießen.

3. Währenddessen Paprikaschoten und Tomaten waschen. Die Paprikaschoten halbieren, putzen und in sehr kleine Würfel schneiden. Stielansätze der Tomaten entfernen und die Tomaten fein würfeln. Die Zwiebel abziehen und fein hacken. Die Minze waschen und trockenschütteln, Blättchen abzupfen und fein hacken.

4. Die Dinkelkörner abgießen, kalt abspülen und gut abtropfen lassen. Gemüsewürfelchen, Minze, Zitronensaft und Olivenöl zugeben. Mit Salz und Pfeffer würzen und den Salat vorsichtig durchmischen. Vor dem Servieren zugedeckt noch etwas ziehen lassen.

⏱ Zubereitung: 1 Std. 30 Min. ⏱ Einweichzeit: 12 Std.
Pro Portion ca.: 420 kcal

Für 4 Personen:
4 kleine, feste Bananen
2 Limetten (ersatzweise kleine unbehandelte Zitronen)
150 ml trockener Weißwein (ersatzweise Apfelsaft)
350 g Tomaten
Salz
3 Kiwis
4 EL Erdnussöl
schwarzer oder grüner Pfeffer
150 g Walnusskerne

Tipp

Aus diesem Rezept zaubern Sie im Handumdrehen einen Obstsalat zum Nachtisch: Geben Sie statt der Tomaten Nektarinen, Pfirsiche oder Pflaumen in den Salat und tauschen Sie Salz, Öl und Pfeffer gegen Honig oder Zucker.

Bananen-Kiwi-Salat aus Neuseeland

1. Die Bananen schälen und in 1 cm dicke Scheiben schneiden. Die Limetten heiß abwaschen, ca. 1 TL Schale abreiben, dann auspressen. Die Bananenscheiben mit Limettenschale bestreuen und mit Limettensaft und Wein übergießen. Zugedeckt 1 Std. im Kühlschrank marinieren.

2. Die Stielansätze der Tomaten entfernen. Die Tomaten kurz überbrühen, häuten und entkernen. Das Fruchtfleisch in Stücke schneiden und leicht salzen.

3. Die Kiwis schälen, längs halbieren und in Scheiben schneiden. Die Bananenscheiben abtropfen lassen. Die Marinade auffangen.

4. Die Hälfte der Marinade, Erdnussöl, Salz und Pfeffer verquirlen. Die Obst- und Tomatenstücke mit der Sauce übergießen und vorsichtig vermischen. Mit Walnusskernen bestreut servieren.

⏱ Zubereitung: 30 Min. ⏱ Marinierzeit: 1 Std.
Pro Portion ca.: 445 kcal

Salate & Beilagen

Große Salatbar (American Salad Bar)

Für 6–8 Personen:
Für die Pumpernickelbrösel:
75 g Frühstücksspeck (Bacon)
100 g Pumpernickel
Für das Senfdressing:
3 TL mittelscharfer Senf
Salz, weißer Pfeffer
2 TL flüssiger Honig
50 ml Zitronensaft
50 ml milder Weißweinessig
200 ml Olivenöl extra nativ
Für das Sauerrahmdressing:
200 g Schmand (ersatzweise Crème fraîche)
100 g saure Sahne
2 EL Zitronensaft
1 Knoblauchzehe
1 Bund Dill
Für die Salate:
1/2 Eisbergsalat
1 Radicchiosalat
2 Chicoréestauden
4 Stangen Staudensellerie
6 kleine Tomaten
1 Bund Radieschen
2 EL Zitronensaft
1 Beet Kresse
Außerdem:
1 Dose rote Bohnen (Kidney Beans, 225 g Abtropfgewicht)
1 Dose Maiskörner (285 g Abtropfgewicht)
300 g Schnittkäse (z. B. Emmentaler, Bergkäse)

1. Für die Pumpernickelbrösel den Frühstücksspeck fein würfeln, den Pumpernickel zerbröseln. Die Speckwürfel bei mittlerer Hitze auslassen und leicht anbräunen. Die Pumpernickelbrösel zugeben und 2–3 Min. unter Rühren braten. Abkühlen lassen.

2. Für das Senfdressing Senf, Salz, Pfeffer, Honig, Zitronensaft und Essig in einem Mixbecher verrühren, bis sich das Salz aufgelöst hat. Das Olivenöl zugeben und alles mit dem Pürierstab zu einer glatten, dicken Creme aufschlagen.

3. Für das Sauerrahmdressing Schmand, saure Sahne und Zitronensaft glatt rühren. Den Knoblauch abziehen und dazupressen. Den Dill waschen, trockenschütteln und fein schneiden. Unter das Dressing heben, salzen und pfeffern.

4. Die Salate putzen, waschen und gut trockenschütteln. Eisbergsalat in Streifen schneiden, Radicchio in Stücke zupfen, Chicorée in Blätter teilen.

5. Den Staudensellerie waschen, harte Fäden von der Außenseite abziehen und die Stangen in Stücke schneiden. Die Tomaten waschen und die Stielansätze entfernen. Die Tomaten in Spalten schneiden.

6. Die Radieschen waschen, putzen und in Stifte schneiden. Mit Zitronensaft vermischen. Die Kresseblättchen mit einer Schere abschneiden.

7. Rote Bohnen und Maiskörner getrennt kalt abspülen und abtropfen lassen. Den Käse in Streifen schneiden.

8. Die Blattsalate auf eine große Platte oder einzeln in Schüsseln geben. Pumpernickelbrösel, Dressings und alle anderen Salatzutaten getrennt in Schälchen füllen und zur Selbstbedienung anrichten.

Tipp

Dieses große Salatbuffet passt nicht nur zu einem amerikanischen Barbecue. Sie können dafür verschiedene Blattsalate wie Eichblatt, Frisée, jungen Spinat und Rucola zusammenstellen. Hauptsache, es sieht schön bunt aus. Wer Fleisch anbieten möchte, stellt noch in Streifen geschnittene geräucherte Putenbrust, Putenbrustaufschnitt oder Schinkenröllchen auf die Salatbar. Auch Räucher- oder Gravad Lachs in Streifen schmecken dazu.

Zubereitung: 45 Min.

Pro Portion ca.: 630 kcal

Salate & Beilagen

Für Holzkohlengrill/Ofengrill
Für 4 Personen:
Für die Suppe:
750 g reife Tomaten
1 Salatgurke (ca. 500 g)
200 g milde Zwiebeln
1 kleine rote Paprikaschote
1 altbackenes Brötchen
2 Knoblauchzehen
2 EL Weißweinessig
4 EL Olivenöl
Salz, schwarzer Pfeffer
1/2 TL gemahlener Kreuzkümmel
Zum Bestreuen:
200 g Salatgurke
2 Tomaten
1 große rote Paprikaschote (ersatzweise 1 grüne)
2 milde Zwiebeln
2 hart gekochte Eier
200 g altbackenes Toastbrot
2 Knoblauchzehen
2 EL Olivenöl
Außerdem:
Metallspieße
Öl für den Rost

Gazpacho mit Brotspießchen

1. Die Stielansätze der Tomaten entfernen. Tomaten kurz überbrühen, häuten und entkernen. Die Gurke schälen, die Zwiebeln abziehen, die Paprika putzen. Die Gemüse grob zerkleinern und mit dem Pürierstab oder Mixer portionsweise pürieren.

2. Das Brötchen entrinden und in kaltem Wasser einweichen. Den Knoblauch abziehen, das Brötchen ausdrücken. Zusammen pürieren, Essig und Öl unterquirlen. Die Masse unter das Gemüsepüree ziehen. Die Suppe mit Salz, Pfeffer und Kreuzkümmel würzen und 2–3 Std. kühl stellen. Bei Bedarf noch mit etwas kaltem Wasser verdünnen.

3. Den Holzkohlengrill oder Backofengrill anheizen. Die Gemüse zum Bestreuen waschen, putzen und in kleine Würfel schneiden. Die Eier pellen und hacken.

4. Das Toastbrot entrinden, würfeln und auf Metallspieße stecken. Den Knoblauch abziehen und zum Öl pressen. Die Brotwürfel mit Knoblauchöl bestreichen.

5. Den Grillrost leicht ölen. Die Brotspießchen auf dem heißen Rost rundum hellbraun und knusprig rösten. Gemüsewürfel, Eier und Brotspießchen zur Suppe servieren.

⏱ Zubereitung: 30 Min.   ⏱ Kühlzeit: 3 Std.
⏱ Grillzeit: 10 Min.   Pro Portion ca.: 410 kcal

Für 4 Personen:
2 Zwiebeln
1 Knoblauchzehe
1 EL Butter
140 g Langkorn-Reis
250 ml Gemüsebrühe
3–4 kleine getrocknete rote Chilis
1 Lorbeerblatt
1 TL schwarze Pfefferkörner
grobes Meersalz
6 Artischockenherzen (in Öl eingelegt oder aus der Dose)
1 grüne Paprikaschote
3 Frühlingszwiebeln
2 reife Tomaten
2 EL Weißweinessig
1 EL Zitronensaft
3 EL Olivenöl extra nativ
Salz, Tabasco
Zitronenspalten zum Garnieren

Kalter Jambalaya-Salat

1. Zwiebeln und Knoblauch abziehen und fein hacken. Die Butter erhitzen. Zwiebeln und Knoblauch darin bei mittlerer Hitze ca. 5 Min. goldgelb braten. Den Reis einstreuen, durchrühren und die Brühe angießen.

2. Chilis, Lorbeer, Pfeffer und etwas Meersalz im Mörser zerstampfen. Zum Reis geben. Reis zugedeckt bei schwacher Hitze ca. 15 Min. körnig garen. Dabei einmal umrühren, bei Bedarf Wasser nachgießen.

3. Die Artischockenherzen abtropfen lassen und längs vierteln. Die Paprika waschen, halbieren, putzen und in kleine Würfel schneiden. Die Frühlingszwiebeln waschen und putzen. Die hellen Teile in Scheiben, die grünen in Röllchen schneiden. Die Tomaten waschen und die Stielsätze entfernen. Tomaten fein würfeln.

4. Den Reis in eine Schale füllen und auflockern. Mit Essig, Zitronensaft und Öl beträufeln. Paprika, Frühlingszwiebeln und Tomaten vorsichtig unterheben. Mit Salz und Tabasco pikant abschmecken. Artischocken und Zitronenspalten kreisförmig auf dem Salat anrichten. Das Zwiebelgrün in die Mitte streuen.

⏱ Zubereitung: 45 Min.

Pro Portion ca.: 255 kcal

Salate & Beilagen

Für 4 Personen:
1/2 Blumenkohl
250 g Möhren
250 g ganz kleine Zucchini
2 Stangen Staudensellerie
150 g kleine Grillzwiebeln
Für den Sud:
2 Knoblauchzehen
500 ml Weißwein (ersatzweise Wasser)
125 ml Weißweinessig
1 Lorbeerblatt
1 EL schwarze Pfefferkörner
3 EL Zucker
1 gehäufter EL Salz

Tipp
Der Sud schmeckt würziger, wenn Sie noch 1 EL Senfkörner hineingeben.

Mixed Pickles

1. Den Blumenkohl waschen, putzen und in walnussgroße Röschen teilen. Die Möhren waschen, schälen und in knapp 1 cm große Würfel schneiden. Die Zucchini waschen, putzen und in 1 cm dicke Scheiben schneiden. Den Staudensellerie waschen, harte Fäden von der Außenseite abziehen und die Stangen in 1 cm lange Stücke schneiden. Die Grillzwiebeln abziehen.

2. Für den Sud den Knoblauch abziehen. Weißwein, Essig, Lorbeer, Knoblauch, Pfefferkörner, Zucker und Salz aufkochen.

3. Die Gemüse nacheinander im kochenden Sud bissfest garen. Grillzwiebeln und Möhren benötigen dafür ca. 10 Min., die Blumenkohlröschen ca. 7 Min., Zucchini und Staudensellerie knapp 5 Min. Die Gemüse aus dem Sud heben.

4. Den Sud etwas abkühlen lassen, abschmecken und über das Gemüse gießen. Zugedeckt bei Zimmertemperatur 8 Std. oder über Nacht durchziehen lassen.

Zubereitung: 45 Min.
Ruhezeit: 8 Std.
Pro Portion ca.: 190 kcal

Für 4 Personen:
650 g vollreife Tomaten
1 kg bunte Paprikaschoten
3 Zwiebeln
2 Knoblauchzehen
100 g Frühstücksspeck (Bacon)
2 EL Butterschmalz
3 EL edelsüßes Paprikapulver
1 TL rosenscharfes Paprikapulver
1 TL Kümmel
1 TL getrockneter Majoran
125 ml Fleischbrühe
1 EL Weißweinessig
Salz, schwarzer Pfeffer
1 EL gehackte Petersilie zum Servieren

Kaltes Paprikagemüse (Letscho)

1. Die Stielansätze der Tomaten entfernen. Die Tomaten kurz überbrühen, häuten und vierteln.

2. Die Paprikaschoten waschen, halbieren, putzen und in 1 cm breite Streifen schneiden. Zwiebeln und Knoblauch abziehen und in Streifen schneiden. Den Frühstücksspeck klein würfeln.

3. Das Butterschmalz erhitzen und die Speckwürfel darin bei mittlerer Hitze ca. 5 Min. anbraten. Zwiebel- und Knoblauchstreifen zugeben und hellbraun anschmoren. Beide Paprikapulver darüber streuen und durchrühren. Tomaten- und Paprikastücke sowie die Gewürze zugeben und die Fleischbrühe angießen. Zugedeckt mindestens 30 Min. schmoren lassen. Dabei gelegentlich umrühren und bei Bedarf etwas Wasser nachgießen.

4. Das Paprikagemüse mit Essig, Salz und Pfeffer würzen. Abkühlen lassen und mit Petersilie bestreut servieren.

Zubereitung: 1 Std.
Pro Portion ca.: 260 kcal

Salate & Beilagen

Für 8 Weizen-Tortillas:
250 g Weizenmehl und Mehl zum Ausrollen
1 TL Salz
1 TL Backpulver
4 EL Pflanzenöl
Öl für die Pfanne

Tipp

Die weichen Weizenfladen sind sehr praktisch. Damit können Sie Fleisch, Spare Ribs oder Spießchen ohne Besteck aus der Hand essen. Servieren Sie die Tortillas kalt oder rösten Sie sie kurz auf dem heißen Grill. Aber Vorsicht: nicht zu lange rösten, sonst werden sie trocken.

Für 4 Personen:
400 g Mehl
1 Würfel Hefe (42 g)
120 ml lauwarme Milch
1 EL gehackter frischer Rosmarin (ersatzweise 1 TL getrockneter)
1 TL Salz
6 EL Olivenöl nativ extra
Außerdem:
Fett für das Blech
Mehl zum Bestreuen und Ausrollen
1 TL grobes Meersalz zum Bestreuen

Mexikanische Weizen-Tortillas

1. Das Mehl in eine Schüssel sieben. Salz, Backpulver, Öl und 150 ml lauwarmes Wasser zugeben und mit einem Holzlöffel vermischen. Mit den Händen 10 Min. kneten, bis der Teig geschmeidig ist und nicht mehr klebt. Zugedeckt 30 Min. ruhen lassen.

2. Den Teig in 8 Stücke teilen. Diese mit etwas Mehl bestäuben und auf der leicht bemehlten Arbeitsfläche zu dünnen, runden Fladen (ca. 20 cm Ø) ausrollen.

3. Eine beschichtete Pfanne dünn ölen und auf starker Stufe erhitzen. Die Tortillas darin nacheinander pro Seite ca. 30 Sek. backen. Dabei die Teigblasen mit einem Pfannenwender flach drücken. Wenden, sobald die Fladen kleine braune Flecken haben. Fertige Tortillas stapeln und zugedeckt abkühlen lassen.

Zubereitung: 30 Min.
Ruhezeit: 30 Min.
Pro Portion ca.: 150 kcal

Fladenbrot mit Rosmarin

1. Das Mehl in eine Schüssel sieben, in die Mitte eine Vertiefung drücken. Hefe zerbröseln, mit Milch und 120 ml lauwarmem Wasser verrühren. In die Vertiefung gießen und mit etwas Mehl vermischen. Zugedeckt an einem warmen Ort 15–20 Min. gehen lassen, bis die Mischung Blasen bildet.

2. Rosmarin, Salz und 4 EL Olivenöl zugeben und alles mit den Händen ca. 10 Min. kräftig zu einem geschmeidigen Teig verkneten. Den Teig zu einer Kugel formen und zugedeckt 30 Min. aufgehen lassen, bis sich sein Volumen verdoppelt hat.

3. Ein Backblech fetten und mit Mehl bestreuen. Den Teig mit etwas Mehl bestäuben und zu einem 1 cm dicken, rechteckigen Fladen ausrollen. Auf das Blech legen.

4. Die Oberfläche mit 2 EL Olivenöl beträufeln. Mit den Fingerspitzen verstreichen und dabei Vertiefungen eindrücken. Mit Meersalz bestreuen und nochmals 30 Min. gehen lassen. Den Backofen auf 225° (Umluft 200°) vorheizen.

5. Das Brot im Ofen (Mitte) 15–20 Min. hellbraun backen. Etwas abkühlen lassen, vom Blech nehmen und in rechteckige Stücke schneiden. Warm oder abgekühlt servieren.

Zubereitung: 25 Min.
Backzeit: 20 Min.
Ruhezeit: 1 Std. 20 Min.
Pro Portion ca.: 500 kcal

Tipps & Tricks fürs perfekte Grillen

Grillen kann jeder

Es ist ein hartnäckiges Gerücht, dass nur Männern das Garen über glühender Kohle gelingt. Jeder kann das. Tatsache ist aber, dass untaugliches Zubehör den Spaß am Grillen verderben kann. Zum Schluss also ein bisschen Theorie und Praxis zum Thema brauchbare Grillgeräte und Zubehör, Holzkohle und Anheizen. Sie finden hier auch Tipps zum Einkauf von Fleisch und Fisch sowie zum optimierten Würzen und Marinieren. Das abschließende Glossar erläutert typische Grillzutaten und bietet Alternativen dazu an.

Tipps & Tricks

Geräte zum Grillen

Am Anfang war das Feuer – und die erste Zubereitungsart von Lebensmitteln, die die Menschheit entdeckte, war das Grillen über offener Glut. Kein Wunder also, dass das Grillen noch heute Urinstinkte in uns weckt. Der Duft der aromatischen Röststoffe, die beim Garen über Holzkohle entstehen, lässt jedem sofort das Wasser im Mund zusammenlaufen. Sogar ein simples Würstchen schmeckt vom Rost viel besser als aus der Pfanne.

Das Wort »Grill« kommt aus dem Englischen und bedeutet »Rost«. Also steht Grillen eigentlich für Garen auf dem Rost. Dieser Rost kann von glühender Holzkohle, von elektrischem Strom oder von Gas auf die richtige Temperatur gebracht werden. Amerikaner nennen das »Barbecue« oder kurz »BBQ« und meinen damit das ganze Grillvergnügen unter freiem Himmel.

Klassisch: Holzkohlengrill

Über glühender Kohle kann jeder ohne große technische Hilfsmittel garen, wenn er nur ein Grillgitter hat. Ein Rost aus dem Backofen, ein eiserner Fußabstreifer oder ein Wendegrillgitter genügen schon als Notbehelf. Kieselsteine oder Backsteine im Kreis oder Viereck auf einem trockenen Untergrund aufstapeln, den Boden mit Alufolie abdecken (die glänzende, Hitze reflektierende Seite nach oben), Brennmaterial aufschichten und anzünden – schon kann das Grillen beginnen.

Auch ein ausgemusterter gusseiserner Wok eignet sich gut als Notgrill. Auf keinen Fall darf er aber beschichtet sein, denn die Beschichtung würde sich bei der starken Hitze zersetzen und könnte schädliche Dämpfe abgeben. Auch verzinktes Metall ist ungeeignet, die Auflage kann bei starker Hitze schmelzen.

Der Nachteil aller Behelfsgrills: Man muss sich tief bücken, um Fleisch und Gemüse auf den Rost zu legen. Dabei kann es leicht Flammen geben, die die Haare versengen oder die Kleidung in Brand stecken. Also Vorsicht.

Hitze von unten

Ein Grill auf Füßen ist da ungefährlicher. Doch welches Modell? Im Prinzip gibt es zwei Methoden, die Hitze zum Grillgut zu bringen: von unten aus einer Glutschale oder von der Seite aus einem senkrechten Glutkorb. Bei den Grills mit Glutschale wird ein Rost über der Schale eingehängt, auf dem man Fleisch und Gemüse röstet. Wichtig ist, dass sich der Rost in verschiedenen Höhen einhängen lässt, um die Hitze regulieren zu können. Meist geschieht das durch Aussparungen in einem Windblech. Es wird auf die Glutschale gesteckt und verhindert zudem heftigen Funkenflug und das Aufwirbeln der Asche. In dieses Windblech kann auch ein Drehspieß für große Braten eingehängt werden. Wenn Sie das vorhaben, überprüfen Sie unbedingt, ob die Befestigung des Windblechs stabil genug ist. Sonst kippt das Blech samt Fleischspieß um.

Die Modellpalette reicht vom Einweggrill über das preiswerte Grillfass aus Gusseisen bis zum Luxus-Grillwagen für die große Party. Der winzige, leicht transportierbare Einweggrill ist zwar Platz sparend und komplett mit allem ausgestattet, was zwei Griller draußen brauchen, aber es dauert lange, bis die Glut heiß genug ist. Die Hitze ist dann auch schnell wieder weg. Also nichts fürs ernsthafte Grillen.

Das einfache Grillfass, bei dem die Kohle in ein fassförmiges Unterteil gefüllt und der Grillrost darüber eingehängt wird, eignet sich für Kleinfamilien. Es ist ziemlich schwer und daher eher etwas für die Terrasse. Auch hier muss man sich noch tief bücken, aber das Gerät ist robust und solide.

Säulengrills machen schon optisch etwas her. Bei ihnen strömt die Luft wie bei einem Kamin von unten durch die Holzkohle zur Glut. Sie erreicht dadurch schnell die nötige Temperatur. In Kombination mit Windblech und Grillspieß ein bequemes Gerät.

Der Kugelgrill

Ein Kultgerät aus Amerika ist der Kugelgrill, bei dem ein halbrunder Deckel auf einem emaillierten Kessel sitzt. Das Ganze ruht auf einem stabilen Dreifuß mit Rädern. Dieser Grill kann leicht in den Garten gezogen werden. Der Kessel nimmt die Kohle und das Grillgitter auf. Darüber kann der Deckel gestülpt werden, um Wind abzuhalten und die Hitze einzufangen. So garen auch größere Fleischstücke durch. Der Kugelgrill eignet sich für direktes und indirektes Grillen (die Holzkohle liegt seitlich vom Grillgut, der Fleischsaft tropft nicht in die Glut) sowie als Räuchergerät. Allerdings braucht man Platz, um das Gerät unterzubringen.

Große Grillwagen versorgen auch eine vielköpfige Gesellschaft. Sie sind

Tipps & Tricks

bequem zu bedienen und vielseitig verwendbar, denn meist lässt sich das Glutbett waagrecht oder senkrecht stellen. So garen auch Riesenbraten gemächlich vor sich hin. Von Nachteil ist ihr großer Platzbedarf und die oft mühselige Montage.

Hitze von der Seite

Bei vielen Geräten mit Glutkörben lässt sich dieser waagrecht und senkrecht stellen. Sie eignen sich also gleichermaßen zum Grillen auf Rost und Spieß. Durch den senkrecht stehenden Glutkorb tropft kein Fett in die Kohle und qualmt. Abtropfender Fleischsaft kann in einer Saftpfanne aufgefangen und als Sauce verwendet werden. Recht einfach lässt sich auch die Grillkohle nachfüllen. Somit sind diese Geräte für Fleisch mit langer Garzeit bestens geeignet. Allerdings sollte man ihre Standfestigkeit genau prüfen: Viele Geräte haben so wackelige Füße, dass sie bei einer lebhaften Feier umkippen und Verbrennungen verursachen können. Berücksichtigen Sie auch die Unterbringung des Geräts außerhalb der Grillsaison. Es sollte leicht zerlegbar und Platz sparend abzustellen sein.

Bequem: Gasgrills

Wer eine größere Gesellschaft einen Abend lang mit Gegrilltem versorgen will, schätzt die Vorzüge eines Gasgrills: Sie werden sehr schnell heiß, und die Hitze lässt sich einfach regulieren. Zudem muss keine Grillkohle nachgelegt werden, und eine Gasflasche reicht für mehrere Feste. Beim Gasgrill wird ein Rost oder eine schwere gusseiserne Platte mit Stegen von unten erhitzt. Das Grillgut gart auf den Stegen. Große Rechteck-Gasgrills haben oft mehrere Brenner, die separat angezündet werden können, was direktes und indirektes Grillen erlaubt.

Kleinere Gasgrills besitzen meist Stegplatten, die wie Grillpfannen funktionieren. Oft sind sie zweiseitig verwendbar und besitzen zusätzlich noch eine glatte Seite mit kleinem Rand. Darauf kann nach spanischer Art »a la plancha« (auf der Grillplatte) gegart werden.

Brenner erst testen

Mit Gas erreicht man hohe Temperaturen. Allerdings ist die Hitze auf runden Grillplatten nicht gleichmäßig verteilt. Am höchsten ist sie direkt über dem Flammenring, zur Mitte und zum Rand hin nimmt sie deutlich ab. Manche Brenner erzeugen überhaupt keinen schönen Flammenkranz, sondern flackern nur unruhig hin und her. Also testen Sie das Gerät Ihrer Wahl am besten erst. Grillpuristen bemängeln bei dieser Garmethode ohnehin das fehlende Holzkohlenaroma.

Ausdauernd: Elektrogrills

Auch diese Geräte besitzen den Vorzug, schnell heiß zu werden und keinen Rauch zu erzeugen. Da sie aber die Nähe einer Steckdose brauchen, eignen sie sich in der Regel nur für Terrasse und Balkon. Von Verlängerungskabeln quer durch den Garten in feucht-fröhlicher Umgebung ist unbedingt abzuraten.

Bei Elektrogrills werden offene Heizstäbe direkt oder Grillplatten indirekt erhitzt. Die Temperatur lässt sich meist regeln. Barbecue-Grillgeräte erinnern in der Form an flache Holzkohlengrills. Unter den Grillstäben, auf denen der Rost liegt, befindet sich eine Wanne aus Edelstahl. Sie kann mit Wasser oder Lavasteinen gefüllt werden. Das verhindert weitgehend, dass herabtropfendes Fett verbrennt oder verkohlt. Allerdings nicht, wenn die Fetttropfen direkt auf die Heizstäbe fallen.

Grillen in der Küche

Zu den Elektrogrills zählen natürlich auch die Grilleinrichtungen in Backöfen, die Einzelgeräte für Küche oder Tisch und der Kontaktgrill. Bei ihm gart das Grillgut zwischen zwei elektrisch beheizten Platten wie in einem Waffeleisen.

Schließlich gibt es noch die gute alte Grillpfanne aus Gusseisen oder Aluguss, letztere meist mit Antihaftbeschichtung. Wichtig ist ein dicker Boden mit hohen Rippen, der auf der Herdplatte stark erhitzt werden kann und die Hitze gleichmäßig an das Grillgut weitergibt. Die Grillpfanne ist eine gute Notlösung fürs verregnete Wochenende oder für kleine Grillmengen. Die Pfanne wird schnell heiß, der Garprozess lässt sich gut verfolgen. Allerdings ist sie nur für flache Grillstücke und Spieße geeignet, die von beiden Seiten gegart werden.

Tipps & Tricks

Richtig grillen

Der Reiz dieser uralten Garmethode liegt in der besonderen Zubereitung und im Ergebnis. Echtes, ursprüngliches Grillen über offener Glut ist ein Garen in trockener Strahlungshitze, sozusagen ein Sonnenbad in extremster Hitze. Die Hitze der Glut trifft direkt auf das Grillgut. Sie bringt das Eiweiß von Fleisch und Fisch zum Gerinnen und versiegelt die Oberfläche, sodass Fleischsaft und Geschmack im Inneren erhalten bleiben. Beim Gemüse karamellisieren die Zuckerstoffe, und ein würzig-aromatisches Aroma entwickelt sich.

Garen mit Glut
Grillen am Spieß ist die reinste Form des Garens durch Strahlungshitze. Hier trifft nur die direkte Hitze der Glut auf das Fleisch. Beim Grillen auf dem Rost kommt noch ein Garen durch die Wärmeleitung des Metalls dazu – deutlich erkennbar an den dunklen Streifen, die das Grillgitter auf dem Gargut hinterlässt. Das Garen durch diese Hitzeleitung des Rostes geht schneller als das Garen durch Strahlungshitze. Nachteil: Das Fleisch wird auch schneller schwarz.
Für die Praxis heißt das: Die Hitzestrahlung muss gleichmäßig und stark auf das Grillgut einwirken, damit sich rasch eine schöne Kruste bildet. Die Holzkohle muss gut durchgeglüht und gleichförmig in der Kohlenschale verteilt sein. Von Fleisch, Fisch oder Gemüse dürfen keine unregelmäßigen Teile abstehen, die verbrennen würden. Richtig gegrillte Stücke sind rundum gebräunt, saftig und ganz durchgebraten. Schwarze oder gar verbrannte Stellen zeigen, dass etwas falsch gemacht wurde.

Im Inneren gart das Grillgut durch Wärmeleitung. Die äußeren Schichten geben ihre Hitze langsam nach innen weiter. Das heißt, flache Stücke brauchen zum Garen nur kurze Zeit und starke Hitze. Dicke Stücke – z. B. große Braten – würden bei starker Hitze außen verkohlen, innen aber roh bleiben. Sie verlangen mittlere, lang anhaltende Hitze, die langsam bis ins Innere vordringen kann.

Außerdem tragen Röststoffe und die würzigen Aromen der glühenden Holzkohle stark zum besonderen Aroma bei. Das fertig gegarte Stück braucht also nur wenig Salz oder andere Würze, um gut zu schmecken. Umgekehrt heißt dies aber auch, dass die Art des Brennmaterials den Geschmack beeinflusst.

Sicher anheizen

Im Prinzip könnte man mit jedem brennbaren Material grillen. Für das improvisierte Fest in freier Natur (auf zugelassenen Grillplätzen!) eignet sich auch trockenes Holz wie Äste von Eichen, Buchen oder Birken. Ungeeignet ist harzhaltiges Holz von Nadelbäumen wie Fichten oder Tannen, denn es verbrennt prasselnd und Funken sprühend. Etwas zerknülltes Papier und kleine trockene Äste, darauf dann größere Holzstücke schichten. Das Papier entzünden und ca. 1 Std. warten, bis sich Flammen und Rauch beruhigt haben. Erst wenn das Holz nur noch glüht und von einer Ascheschicht überzogen ist, können Sie mit dem Grillen beginnen.

Kohle und Briketts
Einfacher sind Holzkohle und Holzkohlenbriketts zu handhaben. Die Briketts aus gepresster Kohle brauchen länger, bis sie die richtige Hitze entwickelt haben. Dafür brennen sie wesentlich länger als einfache Holzkohle, die schneller heiß wird, aber ohne Nachlegen auch nur für Grillzeiten von ca. 30 Min. ausreicht. Also: große Braten mit Briketts, Kurzbratstücke mit Kohle grillen.

Zum richtigen Aufstellen des Grills: Der Untergrund muss eben und sicher sein, er darf nicht nachgeben. Prüfen Sie die Windrichtung. Der Wind soll in die Glutpfanne und gegen den dahinter angebrachten Windschutz blasen. Rauch und Funken dürfen nicht in Richtung brennbarer Materialien oder Gäste geweht werden. Die Glutpfanne am besten mit Alufolie (glänzende Seite nach oben) auslegen, um die Hitzestrahlung zu verstärken. Wenn die Glutpfanne Löcher für die Luftzufuhr hat, auch die Alufolie an diesen Stellen durchlöchern.

Vorsicht muss sein
Vor dem Aufschichten der Holzkohle ans Anzünden denken! Legen Sie unbedingt lange Streichhölzer zurecht. Außerdem sollten Eimer mit Wasser und mit Sand zum Löschen bereitstehen. Es gibt spezielle Grillanzünder und Flüssigkeiten. Viele schwören auf Spiritus, obwohl der Umgang damit sehr gefährlich ist. Die Spiritusflasche nie in der Nähe des Grills stehen lassen. Auf keinen Fall sollten Sie Benzin oder leicht brennbares Petroleum verwenden. Dabei können sich giftige Gase bilden, außerdem besteht Explosionsgefahr. In der Nähe des Grills dürfen sich keine leicht entzündlichen Gegenstände wie Papierlampions, Sonnenschirme oder Markisen befinden. Behalten Sie Kinder im Auge und weisen Sie diese auf die Gefahren beim Grillen hin.

Die Holzkohlen oder Briketts werden in der Mitte der Glutpfanne hoch aufgetürmt. Zündwürfel müssen ganz unten liegen, Flüssiganzünder gießt man über die unteren Kohlestücke. Beim Senkrechtgrill füllt man den Glutkorb bis oben hin. Falls Sie trotz Warnung Brennspiritus zum Anzünden verwenden, feuchten Sie die unteren Holzkohlenstücke mit wenig Spiritus an und warten ca. 1 Min., bis die

Tipps & Tricks

Flüssigkeit in die Kohlen eingezogen ist. Dann entzünden Sie die getränkten Kohlen seitlich mit einem langen Streichholz. Vorsicht, Abstand halten, es gibt eine hohe, explosionsartige Stichflamme! Zündwürfel oder Flüssiganzünder noch entsprechend anfachen, und dann heißt es warten, bis die Kohlen gleichmäßig glühen und von einer hellen Ascheschicht überzogen sind. Das dauert 30–45 Min., je nach Brennmaterial, Feuchtigkeit und Wind. Beschleunigen können Sie die Glut durch sanftes Pusten oder Fächeln mit einem Karton oder einem handbetriebenen oder elektrischen Blasebalg. Aber nicht zu stark, sonst ist die Kohle bereits vor Grillbeginn verglüht. Außerdem soll die Temperatur ja nicht zu hoch steigen, sonst bleibt vom Grillgut nur Kohle übrig.

Explosionsgefahr

Auf keinen Fall dürfen Sie Anzünderflüssigkeit oder Brennspiritus aus der Flasche nachgießen, wenn die Kohle nicht richtig brennen will! Geben Sie etwas Flüssigkeit auf eine Kohlenschaufel, verschließen Sie die Flasche sofort wieder und stellen Sie sie weit weg. Das Brennmittel jetzt mit großem Abstand von der Seite her nachgießen. Falls es sich nicht sofort entzündet, mit einem langen Streichholz nachhelfen.

Gekonnt auflegen

Die Kohlestücke, wenn sie glühen und von einer hellen Ascheschicht überzogen sind, mit Hilfe eines Schürhaken oder einer Kohlenschaufel gleichmäßig in der Glutpfanne verteilen. Beim Senkrechtgrill entfällt diese Arbeit. Die Kohlen zum Rand hin etwas stärker aufhäufen, so strahlt die Hitze besser über die gesamte Grillfläche. Den Grillrost auflegen und heiß werden lassen. Erst wenn die Holzkohle vollständig von der Ascheschicht überzogen ist, den Grillrost leicht ölen und das Grillgut auflegen. Nur auf einem richtig heißen Rost kleben Fleisch und Fisch nicht fest – also genügend Geduld bewahren.

Richtig planen

Zuerst kommen nun die Grillstücke auf den Rost, die bei starker Hitze kurz gebraten werden: flache Fleischstücke wie Rinder- oder Schweinesteaks. Falls dabei Flammen durch herabtropfendes Fett aufzüngeln, diese schnell und gezielt mit einer Blumenspritze oder einer Wasserpistole ersticken. Wenn die Hitze der Glut etwas zurückgeht, ist der Moment für Koteletts und Fische gekommen, die bei mittlerer Hitze länger garen sollen. Auch Gemüse kann jetzt auf den Rost. Danach sind die Bratwürste an der Reihe, die durchgaren müssen. Ganz zum Schluss können noch Würstchen gegrillt werden, die eigentlich nur heiß werden müssen.

Kohle nachlegen

Bei einem langen Grillabend reicht die Glut allerdings nicht für alles aus, es muss rechtzeitig Holzkohle nachgelegt werden. Dabei geht jedoch die Hitze so stark zurück, dass eine Grillpause nötig wird. Den Rost abnehmen und die frische Kohle gleichmäßig über die verbliebene Glut verteilen. Durch sanftes Fächern entzünden und warten, bis alles wieder von einer hellen Ascheschicht überzogen ist. Erst dann das Grillgitter wieder auflegen und warten, bis es heiß genug ist.

Glut löschen

Auch wenn die Kohle verglüht ist, ist der Inhalt der Glutpfanne noch gefährlich heiß und birgt Reste von glimmenden Kohlenstücken. Am besten streuen Sie so viel Sand darüber, dass keine Flammen mehr aufzüngeln oder Funken verblasen werden können. Behalten Sie den Grill bis zum völligen Verlöschen im Auge. Asche und Sand werden erst nach dem vollständigen Abkühlen entsorgt. Das Grillgitter weicht man am besten noch warm in Wasser ein. So lässt es sich auch am nächsten Tag noch leicht säubern.

Giftstoffe beim Grillen

Regelmäßig taucht die Behauptung auf, beim Grillen würden gesundheitlich höchst schädliche Stoffe entstehen. Aber nicht alles davon ist Ernst zu nehmen. Das gefährliche Benzpyren und andere polyzyklische aromatische Kohlenwasserstoffe (PAK) entstehen überall dort, wo es qualmt. Diese Stoffe sind in höheren Dosen bei Tieren Krebs erregend. Sie können sich im Fleisch bilden, wenn es beim Grillen (oder auch Braten) sehr stark bräunt. Also darauf achten, dass das Gegrillte nicht zu schwarz wird. Auch um die gesundheitlich schädlichen Nitrosamine, die sich beim starken Erhitzen von gepökeltem Fleisch oder Wurst bilden, muss man sich nicht allzu viele Sorgen machen: Sie bilden sich erst bei Temperaturen über 170°. Doch diese Hitzegrade werden beim Garen auf Holzkohle kaum erreicht. Mehr als 110–130° auf der Oberfläche des Grillguts sind nicht drin, wenn die Holzkohle ordentlich durchgeglüht ist und somit auch nicht mehr stark raucht.

Tipps & Tricks

Gut einkaufen

Gutes Grillen fängt beim Einkauf an. Gegrillt wird vor allem Fleisch. Wohl dem, der seinen Metzger um Rat fragen kann. Als Laie erkennt man kaum, ob ein Fleischstück zum Garen auf dem Rost geeignet ist oder nicht.

Rindfleisch

Für viele ist ein saftiges Steak der Inbegriff des Grillens überhaupt. Beim Rind stammt es aus dem Filet (Filetsteaks, zart und sehr teuer), aus dem Hinterviertel (Hüftsteaks, Roastbeef, Entrecôte, Ribeye-Steaks, Rumpsteaks, würzig, saftig und teuer) oder aus der Oberschale (Kluftsteaks, Beefsteaks, deftiger und preiswerter). Diese Fleischstücke besitzen kein Bindegewebe oder Knorpel, lediglich die Steaks aus dem Roastbeef haben eine kräftige Sehne in der oberen Fettschicht. Sie muss mehrfach eingeschnitten werden, sonst wölbt sich das Steak hinterher beim Grillen.

Aber Name und Preis sagen noch nichts darüber aus, ob das Fleisch nach dem Garen zart und saftig oder ledrig und trocken ist. Das hängt davon ab, wie alt das Tier war, ob es gut gemästet wurde und ob das Stück ordentlich abgehangen ist. Allgemein besitzen jung geschlachtete Tiere zarteres Fleisch als alte Kühe. Faustregel: Je dunkler die Fleischfarbe und je gelblicher das Fett, desto älter war das Tier.

Während unsere Kühe sowohl Milch als auch Fleisch liefern, werden in anderen Ländern – z. B. Frankreich oder Amerika – spezielle Rassen nur für die Fleischproduktion gezüchtet. Diesen Tieren lässt man auch mehr Zeit bis zur Schlachtung. Ihr Fleisch ist dann von feinen Fettadern durchzogen, also gut durchwachsen oder marmoriert. Dieses Fett, das man auch bei unserem Mastochsen-Fleisch findet, sorgt beim Grillen dafür, dass das Steak saftig und würzig wird. Faustregel: Feine Fettäderchen (»Marmorierung«) garantieren zartes Fleisch.

Frisches Rindfleisch ist zum Grillen ungeeignet, es muss erst »abhängen« oder reifen. Dabei entwickelt sich das Fleischaroma. Auch die Struktur der Fleischfasern ändert sich, sie werden mürber und weicher. Mindestens 2 Wochen sollte Rindfleisch zum Kurzbraten reifen können, damit es zart und aromatisch wird. Doch leider steht nicht auf dem Preisschild, wie lange das Stück abgehangen ist, und auch äußerlich ist die Reifung nicht erkennbar. So können Sie sich nur auf Ihren Metzger verlassen, denn im häuslichen Kühlschrank lässt sich die Fleischreife nicht mehr nachholen.

Tipps für gute Steaks
Steaks sollten nie leichter als 150 g sein, besser sind 200 g. Wenn sie gleichmäßig dick geschnitten sind, garen sie auch gleichmäßig. Misstrauen Sie der Zartheit, können Sie ein wenig nachhelfen, indem Sie das Fleisch nach dem Einkauf mit Küchenpapier abtupfen (nie waschen, sonst verliert es Fleischsaft und bekommt keine Kruste!) und kräftig mit Öl einmassieren. In eine Schale legen und zugedeckt im Kühlschrank über Nacht ruhen lassen. Rechtzeitig vor dem Grillen herausnehmen. Das Fleisch muss durch und durch Zimmertemperatur haben, sonst gart es nicht bis zur Mitte durch.

Garzeiten: 2–3 cm dicke Steaks auf dem sehr heißen Rost pro Seite 3–4 Min. (innen rosig) oder 5–7 Min. (fast durch). Dann hoch über der Hitze noch 5 Min. nachziehen lassen, damit sich die Fleischsäfte wieder verteilen können. Jetzt erst salzen und pfeffern.

Lammfleisch

Lamm schmeckt vom Grill besonders gut. Fast alle Teile sind geeignet: Koteletts (möglichst über zwei Rippen geschnitten, damit sie nicht trocken werden), Keule (ganz oder in Scheiben), Schulter und Hals. Nur die Lammhaxen sollten besser in den Schmortopf wandern, sie werden auf dem Grill zu trocken. Fleisch von jungen Tieren erkennt man an der hellroten Farbe und am weißen Fett. Es braucht nur eine kurze Garzeit und sollte innen noch rosig sein. Das Fett vor dem Grillen nicht vollständig entfernen, es hält das Fleisch saftig. Sehr heiß servieren, erkaltetes Fett schmeckt etwas unangenehm.

Garzeiten: große Braten (Lammkeule) ca. 1 1/2 Std. erst bei stärkerer, dann bei mäßiger Hitze. Koteletts und Steaks 4–5 Min. pro Seite, kurz nachziehen lassen.

Schweinefleisch und Würstchen

Schweinefleisch und Würstchen sind beliebt und preiswert, dazu recht unkompliziert zu grillen, denn sie sind von Natur aus fetter. Schweinefleisch muss nicht abhängen, sondern sollte möglichst frisch verwendet werden. Ideale Grillstücke kommen aus dem Nacken, der zu Koteletts und Steaks geschnitten wird. Das Fleisch ist gut von Fett durchzogen und gerät immer sehr saftig. Der preiswerte Schweinebauch entwickelt sich auf dem Grill zur wahren Delikatesse. Beliebt sind Spareribs, fleischige Schälrippchen, die allerdings länger und bei milderer Hitze garen müssen. Sonst werden sie nicht weich. Koteletts oder Schmetterlingssteaks aus dem Rücken sind etwas problematischer, da sie weniger Fetteinschlüsse haben. Sie werden vorher

Tipps & Tricks

gut mit Öl einmassiert und bei mittlerer Hitze gegrillt. Schweinefilet ist besonders zart und fettarm. Es braucht deshalb eine kräftige Ölmassage und wird am besten in Scheiben flach auf Spieße gesteckt. Würstchen grillen kann jeder. Damit sie nicht platzen, schneidet man die Pelle vorher schräg ein und bestreicht sie während des Grillens mit Öl.

Garzeiten: Steaks und Koteletts bei mittlerer bis starker Hitze 5–7 Min. pro Seite, dann auf dem höher gehängten Rost noch 5 Minuten nachziehen lassen. Schweinefilet in Scheiben 2–3 Min. bei starker Hitze. Würstchen 10–12 Min. bei mittlerer Hitze.

Geflügel

Hähnchen vom Grill sind allseits beliebt, aber auch Hähnchenteile wie Schenkel, Flügel (Chicken Wings) oder Brust eignen sich gut für den Rost. Ideal sind Entenbrustfilets mit Haut und nicht zu dünn geschnittene Putensteaks. Kaufen Sie möglichst frisches, gut gemästetes Geflügel und grillen Sie es mit Haut, denn darunter sitzt eine dünne Fettschicht, die das Fleisch saftig hält. Sollen ganze Hähnchen gegart werden, müssen sie so auf den Drehspieß gesteckt werden, dass Flügel und Schenkel nicht abstehen. Diese werden sonst schnell schwarz. Noch besser ist ein Grillkorb, der sie ganz automatisch in die richtige Form bringt. Hähnchen und Geflügelteile mit Haut dürfen auch schon vor dem Grillen gesalzen werden, da das Salz keinen Fleischsaft aus der Haut zieht. Geflügel mit Öl bestreichen und bei mittlerer Hitze garen.

Garzeiten: Ganze Hähnchen 1–1 1/2 Std. bei mäßiger Hitze, Geflügelteile (Hähnchenschenkel, Flügel) 20–30 Min., Putensteaks pro Seite 4–5 Min. bei starker Hitze.

Fische und Meerestiere

Ihr zartes Fleisch ist so schnell gar, dass auch ungedulige Griller schnell etwas zu essen haben. Grillen kann man ganze Fische, Fischkoteletts oder Filets. Sie müssen nur gut mit Öl bestrichen werden, sonst bleiben sie am Rost kleben. Für Portionsfische wie Forellen und Brassen gibt es spezielle Grillkörbe, mit denen sie sich problemlos wenden lassen. Notfalls kann der Fisch auch in Alufolie gehüllt und als Päckchen gegrillt werden. Ganze Fische müssen sorgfältig geschuppt sein, sonst verkohlen die Schuppen und geben dem Fisch einen unangenehmen Beigeschmack. Sie werden vor dem Grillen auf den Seiten mehrmals bis zu den Gräten eingeschnitten, damit sie gleichmäßig durchgaren. Auch tiefgekühlter Fisch, z. B. Schwertfisch, Tunfisch oder Lachssteaks, eignet sich, wenn er langsam aufgetaut wird – am besten über Nacht im Gemüsefach des Kühlschranks. Er wird gut mit Öl bestrichen und kurz bei starker Hitze gegrillt. Garnelen steckt man auf Spieße, sonst fallen sie durch den Rost. Frische große Miesmuscheln können auch direkt auf dem Grill zubereitet werden. Sie sind gar, wenn sie sich öffnen.

Garzeiten: Portionsfische (Forellen, Brassen) bei starker Hitze pro Seite 5–7 Min., Koteletts und Filets 2–3 Min. Während des Grillens öfter mit Öl bestreichen. Erst wenden, wenn sie sich leicht vom Rost lösen lassen.

Wie viel wird gegessen?

Bei einem Grillfest wird mehr Fleisch, Fisch und Gemüse gegessen als bei einem Menü. Planen Sie daher lieber etwas größere Mengen ein. Als grober Anhaltspunkt gilt pro Person:

Beilagen:
150–250 g Salate
300 g Brot
Vom Grill:
250–300 g Würstchen
oder:
300 g Fleisch und Geflügel mit Knochen
oder:
200–250 g Fleisch ohne Knochen
oder:
300–400 g ganze Fische
oder:
200 g Fischfilet
oder:
350–400 g Gemüse

Tipps & Tricks

Das Verfeinern: Marinieren, Würzen und Glasieren

Das Grillen an sich gibt Fleisch, Fisch und Gemüse schon einen kräftigen Geschmack, sodass es kaum weiterer Würze bedarf. Echte Grillfans werden aber auf das Marinieren und Bestreichen mit würzigen Saucen nicht verzichten. Das erst rundet das Grillen ab.

Marinieren

Das Einlegen von Fleisch oder Fisch vor dem Grillen in eine würzige Marinade steigert das Aroma und macht Fleisch zart. Die einfachste Marinade ist Öl – gutes Olivenöl, Erdnussöl, Rapsöl oder Sonnenblumenöl. Nur kein kaltgepresstes Keimöl, das würde sich später beim Grillen zersetzen. Fleisch mit dem Öl einreiben, zarten Fisch damit bepinseln, mit Frischhaltefolie abdecken und bei Zimmertemperatur 1–2 Std. oder im Kühlschrank 2 Std. oder über Nacht ziehen lassen.

Soll derbes Fleisch beim Marinieren zarter werden, setzt man dem Öl etwas Säure, Zitronensaft, Essig oder Wein, zu. Die Säure lockert die Fleischfasern und sollte über Nacht – gut abgedeckt – im Kühlschrank einwirken können. Verwenden Sie dabei aber keine Metallschüsseln, sonst bekommt das Fleisch einen metallischen Beigeschmack, sondern besser Glas- oder Kunststoffschalen.

Marinaden werden immer ohne Salz zubereitet. Es würde dem Fleisch Saft entziehen und es austrocken.

Würzmarinade

Für Rindersteaks und Lammfleisch: Je 1 TL schwarze und weiße Pfefferkörner, 5 Pimentkörner und 1 Lorbeerblatt im Mörser fein zerstoßen. Etwas Muskatnuss dazureiben und eine Prise Cayennepfeffer zugeben. 2 EL Essig und 3–4 EL Olivenöl untermischen. Das Fleisch damit einreiben und zugedeckt bei Zimmertemperatur 2 Std. marinieren.

Kräuter-Wein-Marinade

Für Schweinefleisch, Lammfleisch und Geflügel: 1 Zwiebel und 1–2 Knoblauchzehen abziehen und fein hacken. Mit 2 EL fein gehackter Petersilie, etwas getrocknetem und zerriebenem Thymian und Oregano, 3 EL Weißwein oder Zitronensaft und 2 EL Estragonessig vermischen. Kräftig mit Pfeffer würzen und 4 EL Pflanzenöl unterquirlen. die Fleischstücke darin wenden und zugedeckt bei Zimmertemperatur 2 Std. oder im Kühlschrank über Nacht marinieren.

Joghurt-Marinade

Für Lammfleisch, Geflügel und Innereien (Leber, Nieren): 350 g Bulgara-Joghurt mit 2 durchgepressten Knoblauchzehen, 1 EL Zitronensaft und 1 TL getrockneter, zerriebener Pfefferminze verrühren. Das Fleisch darin wenden und zugedeckt im Kühlschrank über Nacht marinieren.

Orangen-Marinade

Für Fisch und Meeresfrüchte: Von 1 unbehandelten Orange ca. 1 EL Schale abreiben, Frucht auspressen. Orangensaft und -schale, 2 EL Zitronensaft und 1 durchgepresste Knoblauchzehe verrühren. Nach Belieben ein Stück frische Ingwerwurzel schälen, fein reiben und zugeben. Mit 4 EL Olivenöl verquirlen. Fisch oder Meeresfrüchte damit bestreichen und im Kühlschrank 1–2 Std. marinieren.

Würzsaucen zum Bestreichen

Im Gegensatz zu den Marinaden, die länger auf das Grillgut einwirken, werden die Würzsaucen, in Amerika »Barbecue Mop« genannt, erst kurz vor und während des Grillens auf Fleisch oder Fisch gepinselt. Würzsaucen verhindern das Austrocknen der Grillstücke und verleihen ihnen eine schöne Kruste. Weil diese Saucen als Würze dienen, enthalten sie auch Salz, während das Grillgut sonst erst nach dem Garen gesalzen wird.

Würzsauce für Fleisch

1 Zwiebel und 1 Knoblauchzehe abziehen, in Stücke schneiden. Mit 4 EL Öl, 2 EL Rotweinessig, 3 EL Orangensaft, 2 EL Tomatenmark, 1 EL Worcestersauce, 1 EL Honig, 1 Spritzer Tabasco und 1 TL getrockneten Oregano im Mixer glatt pürieren. Mit Salz und Pfeffer würzen. Zum Bestreichen von Steaks, Schweinefleisch und Geflügel.

Würzsauce für Fisch

1 TL Anissamen, 1/2 TL weiße Pfefferkörner und etwas grobes Salz im Mörser zerstoßen. Anis, Pfeffer, 1/2 TL Zimtpulver, 2 EL Zitronensaft und 8 EL Olivenöl verrühren. Zum Bepinseln von Fischen und Meeresfrüchten.

Tipps & Tricks

Barbecue Mop
2 Lorbeerblätter und etwas grobes Salz im Mörser zerreiben. Mit 2 abgezogenen, grob gehackten Knoblauchzehen, 100 ml kräftiger Gemüsebrühe, 4 EL Pflanzenöl, 3 EL Worcestersauce, 2 EL braunem Zucker, 1 TL scharfem Senf, 1 TL rosenscharfem Paprikapulver und 1 TL schwarzem Pfeffer im Mixer pürieren. Rindersteaks kurz vor und während des Grillens damit bestreichen.

Glasuren

Sie werden erst einige Minuten vor Ende der Grillzeit auf Fleisch oder Geflügel gepinselt, verleihen diesem eine glänzende Oberfläche und einen leichten Karamellgeschmack. Glasuren enthalten deshalb immer Zucker, Honig oder Gelee.

Honigglasur
3 EL flüssigen Honig mit 2 EL Zitronensaft, 1 TL Sojasauce und 1 Spritzer Tabasco verrühren. Zum Glasieren von Steaks oder Geflügel.

Apfelglasur
4 EL Apfelgelee, 2 EL Zitronensaft und 1 durchgepresste Knoblauchzehe erwärmen, bis die Mischung flüssig ist. Mit 2 EL Ketchup, 2 EL Öl, Salz und Pfeffer verrühren. Steaks oder Lammfleisch damit glasieren.

Chiliglasur
2 frische rote Chilis mit Kernen fein schneiden. 65 g Zucker in einem hellen Topf mit etwas Wasser befeuchten und bei mittlerer Hitze schmelzen lassen. Chilis und 2 fein gehackte Knoblauchzehen ca. 5 Min. darin dünsten. Topf vom Herd nehmen, etwas abkühlen lassen. 150 ml Wasser zugießen und die Mischung wieder erhitzen. 1 TL Speisestärke in kaltem Wasser anrühren und mit 2 EL hellem Essig unter den Sirup rühren. Einmal aufkochen lassen, salzen und abkühlen lassen. Zum Glasieren von Geflügel.

Nützliches Werkzeug

Unverzichtbar für Spießfans sind Grillspieße aus Holz oder Metall. Holzspieße sind praktisch, weil sie nach Gebrauch weggeworfen werden. Sie müssen aber vor dem Bestücken 1–2 Std. in Wasser eingeweicht werden, damit sie über der Glut nicht verkohlen. Metallspieße sind unverwüstlich und leiten die Hitze auch ins Innere des Grillguts. Allerdings werden sie sehr heiß. Zum Wenden empfiehlt sich unbedingt eine Grillzange. Alle Spieße vor dem Bestücken gut mit Öl einstreichen, sonst bleibt das Grillgut kleben.

Beim Grillen muss man nicht nur würzen, sondern auch wenden. Also sollten die Gewürze und Werkzeuge neben dem Grillgerät auf einem kleinen Tisch parat liegen. Zum Bestreichen mit Würzsaucen braucht man einen Pinsel mit langem Griff, damit man nicht zu nahe an die Glut kommt. Allerdings verkohlen die meisten Küchenpinsel nach kurzer Zeit. Eine gleichzeitig würzende Alternative ist ein Rosmarinpinsel. Dafür einige frische Rosmarinzweige mit Blumendraht fest an ein Stöckchen binden. Damit lassen sich Würzsaucen und Öl auf Fleisch, Würstchen und Gemüse pinseln.

Gesalzen und gepfeffert wird zum Schluss – am besten aus Salz- und Gewürzmühlen. Salz lässt sich mit einer Mühle (auf kleinster Stufe) behutsamer dosieren als aus einem Streuer. Pfeffer schmeckt nur frisch gemahlen, aber auch fertige Grillgewürzmischungen haben aus der Gewürzmühle mehr Aroma.

Zum Wenden gibt es spezielle Grillzangen mit langen Griffen, mit denen sich das Gargut gut fassen lässt. Auf keinen Fall Fleisch mit einer Fleischgabel anstechen, sonst fließt der Saft heraus. Fleischgabeln benötigt man nur zum Festhalten beim Zerteilen großer Bratenstücke. Dabei muss auch ein großes, sehr scharfes Messer zur Hand sein, sonst zerfasert das Fleisch.

Auch ein Tranchierbrett, das den Fleischsaft in einer Rinne auffängt, ist beim Zerteilen nützlich. Darauf lassen sich auch Steaks und kleinere Grillstücke ohne Tropfen zu den Tellern transportieren.

Wie schon erwähnt sollte beim Grillen eine Blumenspritze zum Löschen kleiner Flammen und Sand zum Ersticken großer Flammen bereitstehen.

Glossar

Aceto Balsamico
Dunkle, würzige Essigsorte aus Italien, traditionell aus dem eingedickten Most von Trauben aus Modena und Reggio Emilia gewonnen und in Holzfässern gereift. Mehr eine Würze als eine Säure. Ersatz: 2 Teile milden Rotweinessig mit 1 Teil Apfel- oder Rübenkraut vermischen.

Ajvar
Gewürztes Paprikapüree aus roten Paprikaschoten, eingekocht zu einer dicken, würzigen Paste (Seite 106). In Gläsern auch mit verschiedenen Gemüsen (z. B. Auberginen) kombiniert. Pikant-würzige Beilage zu Grillgerichten.

Brassen
Die Familie der Meerbrassen umfasst rund 200 Arten, am beliebtesten sind Gold- und Zahnbrassen. Ihr würziges und nicht zu mageres Fleisch ist ideal zum Grillen. Besonders günstig: Sie haben nur wenige Gräten. Typisch ist ihre hohe, seitlich zusammengedrückte Form und die zu Stacheln auslaufenden Rückenflossen (vom Fischhändler entfernen lassen). Ersatz: große Forellen.

Cayennepfeffer
Das feurig-scharfe rote Würzpulver hat nichts mit Pfeffer zu tun, sondern wird aus einer speziellen Chilisorte, den Cayenne-Chilis, gewonnen. Getrocknet und zu Pulver vermahlen werden die Früchte in unterschiedlichen Schärfegraden angeboten. Cayennepfeffer immer dunkel lagern, er verliert recht schnell Farbe und Geschmack. Ersatz: rosenscharfes Paprikapulver, getrocknete und im Mörser fein zerriebene Chilis.

Chilipulver
Aufpassen: Reines »Chilipulver« sind gemahlene Chilis wie der Cayennepfeffer. Bei uns werden aber unter diesem Namen meist Gewürzmischungen angeboten, die mehr als nur gemahlene Chilischoten enthalten. Das texanische Chili-Gewürz (»Chilipowder«), mit dem pikante Fleischgerichte im Tex-Mex-Stil gewürzt werden, ist eine Mischung aus Chilipulver und Oregano. Die »Chili-Con-Carne-Gewürzzubereitung« enthält noch mildere Paprikasorten, Kreuzkümmel (siehe dort), getrocknete Zwiebeln und Knoblauch, sowie weitere Gewürze. Sie eignet sich gut als Grillgewürz. Die »Chilipulver Gewürzzubereitung« in unseren Gewürzregalen besteht aus Paprikapulver, Cayennepfeffer (siehe dort), Salz, Kreuzkümmel (siehe dort), Oregano und Knoblauchpulver – also ein Mittelding zwischen Texas-Chilipowder und Chili-Con-Carne-Gewürz. Ersatz: Cayennepfeffer mit Kreuzkümmel, Oregano und Knoblauchpulver mischen.

Chilis, Chilischoten
Diese scharfen Würzschoten gedeihen sogar bei uns, wenn sie zeitig im Frühjahr aus Kernen vorgezogen werden. Frische grüne (unreife) und rote (reife) Chilis gibt es in fast jeder Gemüseabteilung. Die meiste Schärfe steckt in den hellen Trennhäuten und in den Kernen. Werden diese entfernt (dabei Gummihandschuhe tragen!), sind die Schoten milder. Ersatz: getrocknete Chilis in warmem Wasser einweichen.

Currypulver
Mischung aus verschiedenen Einzelgewürzen, z. B. Pfeffer, Chilis (siehe dort), Koriander, Kardamom, Ingwer (siehe dort), Gewürznelken, Bockshornklee und Muskatblüte, dazu Kurkumapulver für die gelbe Farbe. Es gibt viele verschiedene Sorten. Indisches Currypulver ist meist mildfruchtig, Madras-Curry mild-aromatisch und Bombay-Curry würzigscharf. Immer nur Kleinmengen kaufen, dunkel aufbewahren und bald verbrauchen. Das Pulver verliert schnell Aroma und Farbe.

Feta-Käse
Ein ursprünglich in Griechenland aus Schafmilch oder einer Mischung aus Schaf- und Ziegenmilch hergestellter Frischkäse, der in Salzlake reift. Sein Geschmack ist pikant-salzig. Deutscher Feta (aus Kuhmilch) ist hingegen milder und weniger würzig. Feta gibt es in Vakuumpackungen im Käseregal oder frisch an der Käsetheke. Ersatz: französischer oder bulgarischer Schafkäse (milder gesalzen) oder türkischer Schafkäse (stärker gesalzen).

Frühlingszwiebeln
Die lauchähnlichen, im Bund verkauften Zwiebeln gibt es nicht nur im Frühling, sondern das ganze Jahr hindurch. Man findet vor allem zwei Sorten: Lauch- oder Bundzwiebeln mit nur leicht verdicktem Stängel an der Basis und Jung- oder Frühlingszwiebeln mit deutlich ausgebildeten Zwiebelknollen, also junge, unreif geerntete Zwiebeln mit Lauch. Besonders letztere lassen sich gut grillen. Die zarten Knollen sind rasch gar und müssen vor dem Aufreihen auf gemischte Spieße nicht blanchiert werden. Auch die schlanken Lauchzwiebeln kann man in Stücke schneiden und quer auf Spieße stecken. Grüne Abschnitte für Salate verwenden.

Garnelen und Shrimps
In der riesigen Familie der Krustentiere kennt sich kaum jemand genau aus. Deshalb werden sie meist einfach nach ihrer Größe bezeichnet. Und je größer, desto teurer sind sie. Die größten Exemplare heißen meist »Tiger«, etwas kleinere »Jumbos« oder »King Prawns« und die kleinsten »Shrimps« oder »Krevetten«. Da ihr Fleisch leicht verderblich ist, kommen sie überwiegend tiefgekühlt in den Handel. Zum Grillen eignen sich ungeschälte Garnelen

Glossar

am besten, da der Panzer das Fleisch vor dem Austrocknen schützt. Geschälte Tiere gut mit Öl bestreichen. Rot gefärbte Garnelen sind bereits gegart und dürfen nur kurz geröstet werden, sonst wird ihr Fleisch zäh.

Grillzwiebeln
Abgeflachte, hellgelbe Zwiebeln mit ca. 4 cm Durchmesser. Ihr zartes, mildwürziges Fleisch ist auf Grillspießen gleichzeitig mit den übrigen Zutaten gar. Sie werden deshalb auch »Schaschlikzwiebeln« genannt. Die dünne Haut lässt sich schwer abziehen. Am besten übergießt man sie mit heißem Wasser und lässt sie einige Minuten ziehen. Danach lässt sich die Zwiebelschale leicht lösen. Ersatz: Frühlingszwiebeln (siehe dort) oder Schalotten.

Ingwer
Der Wurzelstock einer Lilienart ist frisch, getrocknet und eingelegt erhältlich. Sein frisch-aromatischer, würziger und scharf-brennender Geschmack erinnert entfernt an Zitrone. Wichtiges Gewürz für Grillsaucen und Marinaden. Ersatz: Ingwerpulver (sparsam dosieren, schmeckt schärfer und leicht seifig) oder Ingwerpflaumen (in Sirup eingelegte Ingwerstücke).

Joghurt
Joghurt ist mit speziellen Kulturen gesäuerte Milch. Je nach Kultur gibt es verschiedene Joghurttypen: probiotischen, milden und Bulgara-Joghurt. Bulgara-Joghurt ist fester, säuerlicher und pikanter als die »Joghurt mild«-Sorten und deshalb für kalte Saucen sowie zum Marinieren besser geeignet. Ersatz: stichfesten Joghurt mild über Nacht in einem Kaffeefilter abtropfen lassen.

Knoblauch
Die pikanten und gesunden Zehen sind auch als Grillwürze durch nichts zu ersetzen. Je nach Temperament sparsam oder großzügig verwenden. Am besten durch die Knoblauchpresse drücken und mit Öl verrühren, dann wird der Knoblauch nicht ranzig. Die Hitze der Glut mildert seinen Geschmack ab. Getrockneter und gemahlener Knoblauch steckt in vielen Grillwürzmischungen. Ersatz: gefriergetrocknetes Knoblauchgranulat. Doch reicht dessen Geschmack nicht an frische Zehen heran.

Kreuzkümmel
Auch Cumin oder Mutterkümmel genannt. Die stark aromatischen Samen sehen zwar dem Kümmel ähnlich, schmecken aber völlig anders. Sie geben Currymischungen, Chiligewürzen und Chutneys das typische Aroma. Ersatz: Chili Gewürzzubereitung (darin ist Kreuzkümmel ein wichtiger Bestandteil).

Öle zum Grillen
Wegen der hohen Temperaturen über der Kohle sollten zum Bestreichen nur stark erhitzbare Öle verwendet werden. Olivenöl, Rapsöl und Erdnussöl sind hitzestabil. Ungeeignet sind Keimöle wie kaltgepresstes Weizenkeimöl, Leinöl oder Maiskeimöl sowie aromatisierte Öle.

Peperoni
Diese dunkelgrünen oder gelblichen, langen und schlanken Paprikaschoten sehen den Chilis (siehe dort) ähnlich, sind aber viel milder. Vor allem in türkischen Gemüsegeschäften findet man z. B. die faltigen, gelblichen »Sivri« und die etwas dickeren, gelblich-grünen »Carliston«. Beide eignen sich gut zum Grillen und für Spieße. Ersatz: gelbe oder grüne Spitzpaprika.

Salz
Meersalz entsteht bei der Verdunstung von Meerwasser. Kochsalz, Siedesalz und Steinsalz hingegen werden aus den Ablagerungen fossiler Meere gewonnen. Meersalz enthält mehr Mineralien und hat einen etwas bittereren Geschmack als Kochsalz. Fleisch und Fisch schmecken ohne Salz einfach fad. Aber immer erst nach dem Grillen salzen, denn Salz entzieht dem Fleisch Saft und verhindert so die Bräunung. Wird das Salz aus einer Salzmühle puderfein über Steaks und anderes Grillgut gemahlen, zieht es sehr rasch ein. Gemüse sollte schon vor dem Grillen gesalzen werden, damit ihm Wasser entzogen wird. Kurz vor dem Grillen gut trockentupfen, so bekommt es eine schöne Farbe.

Tabascosauce
Scharfe Würzsauce aus Tabasco-Chilis, die mit Salz vermahlen, in Fässern gereift und mit Essig gewürzt werden. Ähnlich ist die »Hot Sauce«. Ersatz: mit Cayennepfeffer (siehe dort) und etwas Essig würzen.

Worcestersauce
Tiefbraune, aromatische Würzsauce, die ursprünglich in England hergestellt wurde. Sie enthält Extrakte aus Walnüssen, Pilzen, Tamarinde und Gewürzen sowie Malzessig. Ein Teil der Zutaten setzt sich am Flaschenboden ab, deshalb vor jeder Verwendung kräftig schütteln. Worcesersauce ist fast unbegrenzt haltbar. Ersatz: Sojasauce mit etwas süßem Sherry und Essig vermischen.

Rezeptregister von A–Z

Damit Sie Rezepte mit bestimmten Zutaten noch schneller finden, stehen in diesem Register zusätzlich auch beliebte Zutaten wie Auberginen, Knoblauch oder Würstchen – ebenfalls alphabetisch geordnet und halbfett gedruckt – über den entsprechenden Rezepten.

A
Aceto Balsamico 138
Aïoli (Variante) 104
Ajvar 106, 138
Angemachter Camembert 96
Apfel-Chutney 108
Apfelglasur 137
Auberginen
    Gegrillte Auberginenpäckchen 86
    Gemischtes Grillgemüse 74
    Marinierte Auberginen 74
    Auberginen-Lamm-Päckchen (Variante) 86
    Auberginen-Zucchini-Spieße 78
Austernpilze mit Zitronenöl 70
Avocado-Dip mit Bärlauch 98

B
Bärlauch: Avocado-Dip mit Bärlauch 98
Bananen-Kiwi-Salat aus Neuseeland 118
Barbecue Mop 137
Brassen 138
Brassen mit Zitronen 60
Brassenhälften mit Knoblauch 60
Brot
    Fladenbrot mit Rosmarin 126
    Focaccia mit Tomaten 84
    Gazpacho mit Brotspießchen 122
    Mexikanische Weizen-Tortillas 126
    Stockbrot gegrillt 113
Bunter kanarischer Salat 116
Buntes Grillgemüse mit Allioli 72
Butter
    Lachs mit Zitronen-Kapern-Butter 62
    Kräuter- und Gremolata-Butter 94
    Maiskolben mit Chili-Honig-Butter 71
    Rumpsteaks mit Rotwein-Schalotten-Butter 40

C
Camembert, angemachter 96
Cayennepfeffer 138
Champignon-Feta-Spieße 76
Chilis/Chilischoten 138
Chiliglasur 137
Chilipulver 138
Cumberland-Sauce 106
Currypulver 138

D/E
Dänische Würstchen vom Grill 9
Dip
    Avocado-Dip mit Bärlauch 98
    Grünkernröllchen mit Paprikadip 90
    Sonnenblumen-Quark-Dip 94
    Tunfisch-Dip 98
Entenbrust auf Rucola 16
Entrecôtes mit Schalottensauce 38

F
Filetspießchen vom Grill (Suvlákja) 32
Fenchel-Sardinen vom Grill 52
Feta
    Feta-Käse 138
    Champignon-Feta-Spieße 76
    Griechisches Gemüse 88
Fische in Weinblättern 62
Fladenbrot mit Rosmarin 126
Focaccia mit Tomaten 84
Forellen auf Rosmarin gegrillt 51
Forellen aus der Folie 58
Frankfurter-Würstchen-Spieße 20
Frikadellen mit Pinienkernen 22
Frühlingszwiebeln 138
Frühlingszwiebeln vom Grill 72

G
Garnelen
    Garnelen 138
    Gegrillte Riesengarnelen 54
    Karibische Grillplatte mit Salsa Criolla 66
Garnelen-Zucchini-Spieße 54
Gazpacho mit Brotspießchen 122
Gefüllte Eier (Variante) 98
Gefüllte Tintenfische 56
Gegrillte Auberginenpäckchen 86
Gegrillte Avocados mit Olivensalat 82
Gegrillte Makrelen mit Kräutern 64
Gegrillte Riesengarnelen 54
Gegrillte Sardinenfilets mit Paprika 52
Gegrillte Schweinerippen (Barbecued Spareribs) 30
Gegrillter Radicchio 70
Gehackter Speck (Verhackert) 96
Gelbes Paprika-Curry-Ketchup 102
Gemischtes Grillgemüse 74
Giftstoffe 139

Glasur
    Honigglasur 137
    Apfelglasur 137
    Chiliglasur 137
Griechisches Gemüse 88
Grillbündla 8
Grillgemüse mit Minzöl 88
Grillkartoffeln (Baked Potatoes) 112
Grillwürstchen katalanisch 18
Grillzwiebeln 139
Große Salatbar (American Salad Bar) 120
Großer Spieß (Kondosouvli) 44
Grünkernröllchen mit Paprikadip 90

H
Hackfleisch
    Frikadellen mit Pinienkernen 22
    Hamburger – die originalen 22
    Lammlende und Hack mit Minzjoghurt 26
Hackfleischröllchen (Cevapcici) 24
Hacksteaks mit Feta (Biftéki) 24
Hähnchen
    Pikante Hähnchenflügel 10
    Zitronen-Muskat-Hähnchen 14
    Hähnchen Teufelsart (Variante) 14
    Hähnchenleberspieße 10
    Hähnchen-Speckpflaumen-Spieße 12
Hamburger – die originalen 22
Honigglasur 137
Hot Chili Sauce 102

I/J
Ingwer 139
Joghurt 139
Joghurt-Marinade 136
Joghurtsauce mit Sesam 95

K/L
Kabeljau mit Schinken 51
Käsefondue am Spieß 80
Kalbsröllchen mit Schinken 36
Kalbsschnitzel vom Grill mit roher Tomatensauce 36
Kalter Jambalaya-Salat 122
Kaltes Paprikagemüse (Letscho) 124
Karibische Grillplatte mit Salsa Criolla 66

Rezeptregister von A–Z

Kartoffeln
  Grillkartoffeln (Baked Potatoes) 112
  Meersalz-Kartöffelchen mit Tomaten-Mojo 82
  Spanische Zitronen-Kartoffeln 113
  Kartoffelsalat mit Pfifferlingen (Variante) 114
  Kartoffelsalat mit Speck 114
  Kartoffel-Steinpilz-Küchlein 90
Ketchup
  Gelbes Paprika-Curry-Ketchup 102
  Tomatenketchup 100
Knoblauch
  Knoblauch 139
  Brassenhälften mit Knoblauch 60
  Buntes Grillgemüse mit Allioli 72
  Knoblauchjoghurt (Tsatsíki) 104
  Knoblauchsauce All-i-oli 104
  Kondosouvli im Pergamentpapier (Variante) 44
Kreuzkümmel 139
Kräuter- und Gremolata-Butter 94
Kräuter-Wein-Marinade 136
Kretischer Salat 116
Lachs mit Zitronen-Kapern-Butter 62
Lamm
  Marinierte Lammkoteletts 42
  Lamm-Aprikosen-Spieße 42
  Lammkeule am Spieß (Mechoui) 46
  Lammlende und Hack mit Minzjoghurt 26
Leber mit Orangen 8

M
Maiskolben mit Chili-Honig-Butter 71
Makrele
  Gegrillte Makrelen mit Kräutern 64
  Steckerlfische 50
Marinade
  Joghurt-Marinade 136
  Kräuter-Wein-Marinade 136
  Orangen-Marinade 136
  Würzmarinade 136
Marinierte Auberginen 74
Marinierte Lammkoteletts 42
Marinierte Paprikaschoten 71
Marinierter Schwenkbraten 40
Meersalz-Kartöffelchen mit Tomaten-Mojo 82
Mexikanische Weizen-Tortillas 126
Minze
  Grillgemüse mit Minzöl 88
  Lammlende und Hack mit Minzjoghurt 26
  Türkischer Minzjoghurt (Variante) 104
Mixed Pickles 124

N/O
Nackenkoteletts puertorikanisch 9
Öle zum Grillen 139
Oktopus vom Grill mit Zitronenöl 56
Oliven
  Frühlingszwiebeln vom Grill 72
  Gegrillte Avocados mit Olivensalat 82
  Rostbraten mit Oliven-Marmelade 38
  Ziegenkäse mit Oliven und Peperoni 80
Oliven-Vinaigrette 95
Orangen-Marinade 136

P/Q
Paprikaschoten
  Gegrillte Auberginenpäckchen 86
  Gegrillte Sardinenfilets mit Paprika 52
  Gelbes Paprika-Curry-Ketchup 102
  Gemischtes Grillgemüse 74
  Grünkernröllchen mit Paprikadip 90
  Kaltes Paprikagemüse (Letscho) 124
  Marinierte Paprikaschoten 71
  Pikante Paprikapaste (Ajvar) 106
  Putenschnecken mit Paprika 12
  Tomaten-Gurken-Paprika-Salat 114
Paprika-Gemüse-Spieße 78
Paprika-Relish 108
Peperoni
  Peperoni 139
  Ziegenkäse mit Oliven und Peperoni 80
Pikant-würzige Fischspieße 58
Pikante Hähnchenflügel 10
Pikante Paprikapaste (Ajvar) 106
Pikantes Schweinefleisch aus Jamaika 34
Provenzalischer Dinkelsalat 118
Putenschnecken mit Paprika 12
Putensteaks mit Rote-Bete-Sauce 16

R
Rindfleisch
  Entrecôtes mit Schalottensauce 38
  Marinierter Schwenkbraten 40
  Rostbraten mit Oliven-Marmelade 38
  Rumpsteaks mit Rotwein-Schalotten-Butter 40
Rosen-Würstchen 20
Rostbraten mit Oliven-Marmelade 38
Rostbratwurst-Spießchen 18
Rumpsteaks mit Rotwein-Schalotten-Butter 40

S
Salz 139
Sardinen
  Fenchel-Sardinen vom Grill 52
  Gegrillte Sardinenfilets mit Paprika 52
Sauce
  Barbecue Mop 137
  Cumberland-Sauce 106
  Entrecôtes mit Schalottensauce 38
  Hot Chili Sauce 102
  Joghurtsauce mit Sesam 95
  Kalbsschnitzel vom Grill mit roher Tomatensauce 36
  Karibische Grillplatte mit Salsa Criolla 66
  Knoblauchsauce All-i-oli 104
  Putensteaks mit Rote-Bete-Sauce 16
  Senfsauce (Tipp) 20
  Tabascosauce 138
  Tomaten-Chili-Sauce 100
  Würzsauce für Fisch 136
  Würzsauce für Fleisch 136
Schalotten
  Entrecôtes mit Schalottensauce 38
  Rumpsteaks mit Rotwein-Schalotten-Butter 40
Schweinefleisch
  Filetspießchen vom Grill (Suvlákja) 32
  Gegrillte Schweinerippen (Barbecued Spareribs) 30
  Grillbündla 8
  Großer Spieß (Kondosouvli) 44
  Nackenkoteletts puertorikanisch 9
  Pikantes Schweinefleisch aus Jamaika 34
  Senf-Züngerl vom Grill 28
  Ziehharmonika-Schnitzel vom Grill 28
Schweinefleisch-Teriyaki 32
Schweinesteaks mit Champignons 30
Schwertfisch-Spieße 64
Senfsauce (Tipp) 20
Senf-Züngerl vom Grill 28
Shrimps 138
Sonnenblumenkern-Quark-Dip 94
Spanische Zitronen-Kartoffeln 113
Speck
  Gehackter Speck (Verhackert) 96
  Hähnchen-Speckpflaumen-Spieße 12
  Kartoffelsalat mit Speck 114
Spieße
  Auberginen-Zucchini-Spieße 78
  Champignon-Feta-Spieße 76
  Filetspießchen vom Grill (Suvlákja) 32
  Frankfurter-Würstchen-Spieße 20

Rezeptregister von A–Z

Garnelen-Zucchini-Spieße 54
Gazpacho mit Brotspießchen vom Grill 122
Großer Spieß (Kondosouvli) 44
Hähnchenleberspieße 10
Hähnchen-Speckpflaumen-Spieße 12
Käsefondue am Spieß 80
Lamm-Aprikosen-Spieße 42
Lammkeule am Spieß (Mechoui) 46
Paprika-Gemüse-Spieße 78
Pikant-würzige Fischspieße 58
Rostbratwurst-Spießchen 18
Schwertfisch-Spieße 64
Steckerlfische 50
Stockbrot gegrillt 113

Tabascosauce 139
Tintenfisch
    Gefüllte Tintenfische 56
    Karibische Grillplatte mit Salsa Criolla 66
    Oktopus vom Grill 56
    Tintenfische gegrillt mit Knoblauch 50
Tomaten
    Auberginen und Paprika mit roher Tomatensauce 74
    Focaccia mit Tomaten 84
    Gegrillte Auberginenpäckchen 86
    Kalbsschnitzel vom Grill mit roher Tomatensauce 36
    Meersalz-Kartöffelchen mit Tomaten-Mojo 82
Tomaten-Chili-Sauce 100
Tomaten-Gurken-Paprika-Salat 114
Tomatenketchup 100
Tunfisch-Dip 98
Türkischer Minzjoghurt (Variante) 104

Wein: Kräuter-Wein-Marinade 136
Weißkohlsalat mit Möhren (Cole Slaw) 112
Würstchen
    Dänische Würstchen vom Grill 9
    Frankfurter-Würstchen-Spieße 20
    Grillwürstchen katalanisch 18
    Rosen-Würstchen 20
    Rostbratwurst-Spießchen 18
Würzmarinade 136
Würzsauce für Fisch 136
Würzsauce für Fleisch 136

Ziegenkäse mit Oliven und Peperoni 80
Ziehharmonika-Schnitzel 28
Zitronen
    Austernpilze mit Zitronenöl 70
    Brassen mit Zitronen 60
    Lachs mit Zitronen-Kapern-Butter 62
    Spanische Zitronen-Kartoffeln 113
    Zitronen-Muskat-Hähnchen 14
Zucchini
    Auberginen-Zucchini-Spieße 78
    Garnelen-Zucchini-Spieße 54
Zucchini mit Nuss-Sauce 84

Register nach Kapiteln

Fleisch & Geflügel 6

Leber mit Orangen	8	
Grillbündla	8	
Nackenkoteletts puertorikanisch	9	
Dänische Würstchen vom Grill	9	
Pikante Hähnchenflügel	10	
Hähnchenleberspieße	10	
Hähnchen-Speckpflaumen-Spieße	12	
Putenschnecken mit Paprika	12	
Zitronen-Muskat-Hähnchen	14	
Putensteaks mit Rote-Bete-Sauce	16	
Entenbrust auf Rucola	16	
Rostbratwurst-Spießchen	18	
Grillwürstchen katalanisch	18	
Frankfurter-Würstchen-Spieße	20	
Rosen-Würstchen	20	
Frikadellen mit Pinienkernen	22	
Hamburger – die originalen	22	
Hacksteaks mit Feta (Biftéki)	24	
Hackfleischröllchen (Cevapcici)	24	
Lammlende und Hack mit Minzjoghurt	26	
Ziehharmonika-Schnitzel	28	
Senf-Züngerl vom Grill	28	
Gegrillte Schweinerippen	30	
Schweinesteaks mit Champignons	30	
Filetspießchen vom Grill (Suvlákja)	32	
Schweinefleisch-Teriyaki	32	
Pikantes Schweinefleisch aus Jamaika	34	
Kalbsröllchen mit Schinken	36	
Kalbsschnitzel vom Grill mit roher Tomatensauce	36	
Entrecôtes mit Schalottensauce	38	
Rostbraten mit Oliven-Marmelade	38	
Marinierter Schwenkbraten	40	
Rumpsteaks mit Rotwein-Butter	40	
Marinierte Lammkoteletts	42	
Lamm-Aprikosen-Spieße	42	
Großer Spieß (Kondosouvli)	44	
Lammkeule am Spieß (Mechoui)	46	

Fisch & Meeresfrüchte 48

Steckerlfische	50	
Tintenfische gegrillt mit Knoblauch	50	
Kabeljau vom Grill	51	
Forellen auf Rosmarin gegrillt	51	
Fenchel-Sardinen vom Grill	52	
Gegrillte Sardinenfilets mit Paprika	52	
Garnelen-Zucchini-Spieße	54	
Gegrillte Riesengarnelen	54	
Gefüllte Tintenfische	56	
Oktopus vom Grill	56	
Pikant-würzige Fischspieße	58	
Forellen aus der Folie	58	
Brassenhälften mit Knoblauch	60	
Brassen mit Zitronen	60	
Fische in Weinblättern	62	
Lachs mit Zitronen-Kapern-Butter	62	
Gegrillte Makrelen mit Kräutern	64	
Schwertfisch-Spieße	64	
Karibische Grillplatte mit Salsa Criolla	66	

Gemüse & Kartoffeln 68

Gegrillter Radicchio	70	
Austernpilze mit Zitronenöl	70	
Maiskolben mit Chili-Honig-Butter	71	
Marinierte Paprikaschoten	71	
Buntes Grillgemüse mit Allioli	72	
Marinierte Auberginen	74	
Gemischtes Grillgemüse	74	
Champignon-Feta-Spieße	76	
Auberginen-Zucchini-Spieße	78	
Paprika-Gemüse-Spieße	78	
Käsefondue am Spieß	80	
Ziegenkäse mit Oliven und Peperoni	80	
Meersalz-Kartöffelchen mit Mojo	82	
Gegrillte Avocados mit Olivensalat	82	
Focaccia mit Tomaten	84	
Zucchini mit Nuss-Sauce	84	
Gegrillte Auberginenpäckchen	86	
Grillgemüse mit Minzöl	88	
Griechisches Gemüse	88	
Kartoffel-Steinpilz-Küchlein	90	
Grünkernröllchen mit Paprikadip	90	

Dips & Saucen 92

Kräuter- und Gremolata-Butter	94	
Sonnenblumenkern-Quark-Dip	94	
Oliven-Vinaigrette	95	
Joghurtsauce mit Sesam	95	
Angemachter Camembert	96	
Gehackter Speck (Verhackert)	96	
Tunfisch-Dip	98	
Avocado-Dip mit Bärlauch	98	
Tomatenketchup	100	
Tomaten-Chili-Sauce	100	
Hot Chili Sauce	102	
Gelbes Paprika-Curry Ketchup	102	
Knoblauchjoghurt (Tsatsíki)	104	
Knoblauchsauce All-i-oli	104	
Pikante Paprikapaste (Ajvar)	106	
Cumberland-Sauce	106	
Paprika-Relish	108	
Apfel-Chutney	108	

Salate & Beilagen 110

Weißkohlsalat mit Möhren (Cole Slaw)	112	
Grillkartoffeln (Baked Potatoes)	112	
Stockbrot gegrillt	113	
Spanische Zitronen-Kartoffeln	113	
Tomaten-Gurken-Paprika-Salat	114	
Kartoffelsalat mit Speck	114	
Bunter kanarischer Salat	116	
Kretischer Salat	116	
Provenzalischer Dinkelsalat	118	
Bananen-Kiwi-Salat aus Neuseeland	118	
Große Salatbar (American Salad Bar)	120	
Gazpacho mit Brotspießchen	122	
Kalter Jambalaya-Salat	122	
Mixed Pickles	124	
Kaltes Paprikagemüse (Letscho)	124	
Mexikanische Weizen-Tortillas	126	
Fladenbrot mit Rosmarin	126	

Impressum

© 2004 GRÄFE UND UNZER VERLAG GmbH München.
Alle Rechte vorbehalten. Nachdruck auch auszugsweise, sowie durch Verbreitung durch Film, Funk, Fernsehen und Internet, durch fotomechanische Wiedergabe, Tonträger und Datenverarbeitungssysteme jeder Art nur mit schriftlicher Genehmigung des Verlages.

Programmleitung: Doris Birk
Leitende Redakteurin: Birgit Rademacker
Idee, Konzept & Redaktion: Anne Taeschner
Lektorat: Petra Teetz
Umschlaggestaltung: Independent Medien Design
Fotografie: Studio L'EVEQUE, München
Produktion: Susanne Mühldorfer
Satz: Johannes Kojer, München
Reproduktion: Fotolito Longo, Bozen
Druck: Appl, Wemding
Bindung: Conzella, Pfarrkirchen

ISBN (10)   3-7742-6142-3
ISBN (13) 978-3-7742-6142-6

Auflage   4.   3.
Jahr   2007   06

Reinhardt Hess
Reinhardt Hess grillt mit Leidenschaft. Wichtig sind ihm gute Produkte. Die Hauptwürze ist die Glut des Holzkohlengrills – viel mehr braucht er nicht, um raffinierte Gerichte vom Rost zu zaubern. Von Mittelmeer-Grillmeistern lernte er, wie der natürliche Geschmack am besten zur Geltung kommt, wie man mit Auge, Ohr und Nase besser kocht als mit Fleischthermometer und Garzeittabelle. Ausbildung bei der größten deutschen Zeitschrift für Essen und Trinken, Redaktionsleiter bei Kochbuchverlagen, nun freier Journalist und Buchautor. Seine Arbeit war der Gastronomischen Akademie Deutschlands bisher fünf Silbermedaillen wert.

Studio L'EVEQUE
Food Fotografie
Harry Bischof und Tanja Major (Food & Styling) arbeiten schon lange intensiv für Werbung, Bücher und Zeitschriften im Foodbereich. In der Innenstadt Münchens kreiert das 4-köpfige Team Foodaufnahmen mit erfrischendem Licht und appetitanregendem, trendigem Styling. Es assistieren Krisztina Babics und Hannelore Bellini.

Danke!
Ein besonderes Dankeschön für die freundliche Unterstützung an die Silit-Werke in Riedlingen, die »Küchenhelfer« und Kochgeschirr für die Fotoproduktion zur Verfügung stellten.

Das Original mit Garantie

Ihre Meinung ist uns wichtig. Deshalb möchten wir Ihre Kritik, gerne aber auch Ihr Lob erfahren. Um als führender Ratgeberverlag für Sie noch besser zu werden. Darum: Schreiben Sie uns! leserservice@graefe-und-unzer.de Wir freuen uns auf Ihre Post und wünschen Ihnen viel Spaß mit Ihrem GU-Ratgeber.

Unsere Garantie: Sollte ein GU-Ratgeber einmal einen Fehler enthalten, schicken Sie uns das Buch mit einem kleinen Hinweis und der Quittung innerhalb von sechs Monaten nach dem Kauf zurück. Wir tauschen Ihnen den GU-Ratgeber gegen einen anderen zum gleichen oder ähnlichen Thema um.

GRÄFE UND UNZER VERLAG
Redaktion Kochen & Verwöhnen
Postfach 86 03 25
81630 München
Fax: 0 89/4 19 81 - 113

Ein Unternehmen der
GANSKE VERLAGSGRUPPE